だからつくる調味料

オザワエイコ

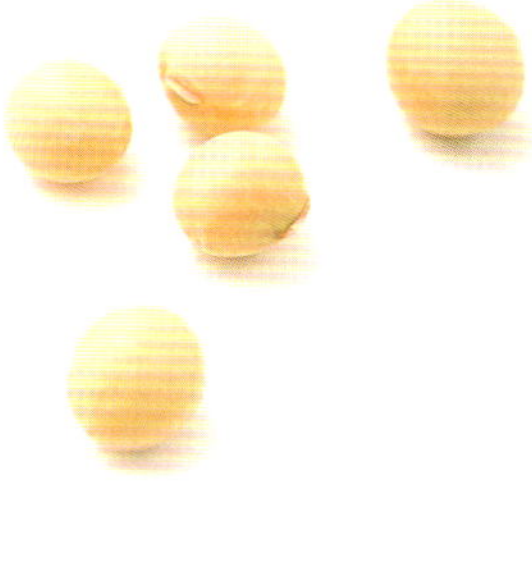

ブロンズ新社

はじめに

はじまりは、みそづくりから

いまでこそ、たくさんの調味料を自家製していますが、きっかけは「みそ」でした。自然食品店だか生協のカタログだかで〈手づくりみそセット〉なるものを見かけ、深く考えずたまたまつくってみた自家製みそ。これがじつにおいしかった。

大豆と麹と塩という、白っぽい顔をした3きょうだい。おそろしくシンプルな材料なのに、発酵するにつれて色は濃くなり、旨味までどんどん増していく。そのみそでつくったみそ汁は、ただのみそ汁が「うちのみそ汁」に変わる体験で、私は自家製みそに夢中になりました。

そんなふうにして毎年みそを仕込むようになったのですが、やがて、禁断のしょうゆづくりに手を染めるようになります。

みそとくらべると、しょうゆはかなり手間がかかりますが、「手前しょうゆ」は本当に、おいしい〜〜〜！ さらに、しょうゆを絞る前のもろみ(諸味)のおいしさといったら、絞る前になくなってしまうほどなのです。

わが家では、食卓でダンナが「あれ、出して」と言ったら、それはもろみのこと。「あれ」は、刺身のとき、頻繁に登場します。ちょん、とつけると、生じょうゆの濃厚な味わいがダイレクトに舌に伝わってくる、自家製ならではの味。とろりとした芳醇な香り。この味を知ってしまったら、メンドウでも毎年、仕込まざるを得ないというわけです。

調味料がおいしいと、料理はシンプルになる

私が調味料づくりにハマっていったのは、調味料は使う頻度が高い、というのが大きな理由です。

料理はいくらおいしいレシピがあっても、食べつづけたら飽きるもの。でも、みそ汁は毎日飲む定番だし、しょうゆはいつも食卓にあって、なんにでもかけられる。しかも自家製なら、使うたびにうれしくて、気持ちがほっこりするんです。

もちろん、自家製の調味料は、全部、目に見える材料でつくるので、余計なものが入っていません。

安全でしかもおいしい。ここは重要なポイントです。

手間ひまかけてつくって、安心だけど味はイマイチなんてことなら、つくる意味も喜びも半減。だから、「買うよりおいしい」をモットーとして、試作を重ねてきました。私は自分のキッチンを「ラボ」と呼んでいます。なぜなら、いろいろな味を見つけるための実験室だから。そうして完成したのが、本書で紹介するレシピです。

調味料がおいしいと、特別な料理のテクニックは必要ありません。野菜なら生のまま切って、つけるだけ、和えるだけ。肉や魚、もちろん野菜も、焼いたり、炒めたり、揚げたり、蒸したりして、かけるだけ、混ぜるだけ。そんなシンプルな調理法で、もう十分においしいのです。

もともと食いしん坊で、おいしいものが大好き。でも、根がズボラなので、毎日の料理に長い時間をかけるのはメンドウ。

そんなときこそ、自家製調味料の出番です。

これまでは買っていたものを、自分でつくる。それは、ちょっとした意識の改革です。かといって、そんなに難しいことはありません。調味料はたいてい、なじみのある身近な素材が材料だからです。「これとこれからできていたのか！」とか、「こんなにたくさんの食材が入っているから複雑な味なんだな」とか。とにかく、自家製調味料をつくる生活は、心躍る瞬間の連続です。

いまでは、いろいろな国や地域の調味料が手軽に買えるようになりましたが、冷蔵庫のすみで忘れられていることも多いのではないでしょうか。でも、自分でつくると、積極的に使う調味料へと変身します。なにが入っているかがわかると調理に使いやすくなること、また、仕込むときに自分好みの味に調節できること、少量でもつくれること、そしてなにより、おいしいことが理由でしょう。

調味料には、その調味料が育った国や地域の歴史や文化、人々の知恵などが集まっています。調味料を仕込みながら、そんなことに思いをはせるのも、また楽しいものです。

発酵・熟成・四季のうつろい

調味料には、時間をかけて発酵・熟成していくものと、つくったらすぐに使えるものがあります。そのどちらにも共通しているのは、旬の食材を使ったり、季節の温度変化を利用するなど「四季を楽しむ」という考え方。

日常の雑事に追われていると、季節の変化を見失いがちです。しかし、自家製調味料を仕込むようになると、四季のうつろいに敏感になります。

たとえば、フキノトウやそら豆、山椒の実、梅、青唐辛子などなど。これらは、ぼやぼやしていると、すぐになくなってしまい、次に出会えるのは1年後。だから、出会ったときに入手して、せっせと仕込む。旬の食材を仕込んでいると、日本が四季のある国で本当によかったと思います。

熟成するのをじっと待ったり、時間の経過とともに変化していく味を楽しんだり。そんな、ゆとりある時間をもてるのも、調味料づくりの醍醐味のひとつです。

発酵の過程を経てつくる調味料は、なにかを育てる作業でもあります。

思い返せば、私はいつもなにかを育てている子どもでした。アサガオやハーブなどの植物から、ザリガニやカメ、セキセイインコやハムスター、ネコなどの生き物まで、せっせと世話をして、すくすく育っていく様子をじいーっと眺めておりました。人一倍、好奇心が旺盛で、「知りたい」ことは、いま知りたいし、「やりたい」ことは、すぐやりたい。その傾向はオトナになって、より一層、強くなっている気がします。そんな気質のおかげかどうか、これまで本を編集する仕事に25年以上携わってきました。ジャンルは食や農、ガーデニング、動物など。知りたいことを専門家に直接、取材することができるという、とても恵まれた環境です。

そして、本づくりの仕事のかたわら、ライフワークとして調味料づくりに励んできました。それが高じて、いまでは調味料の料理教室「かもしラボ」を主宰しています。教室では、仕事を通じてつながった農家さんから、新鮮な食材を提供してもらえるという、これまた贅沢な環境です。

100通りの「だからつくる」がある

どうして、手間ひまかけて自家製調味料をつくるの？　と聞かれたら、「だって、おいしいから！」と答えます。でも、自家製する理由は人それぞれ。100人いたら、100通りの「だからつくる」があっていいのです。

好きな素材を選べるからつくる
健康によさそうだからつくる
発酵する過程が楽しいからつくる
庭や家庭菜園でたくさん収穫できたからつくる
伝統の味を守りたいからつくる
自慢できるからつくる
がんばってる自分のためにつくる
そして、大好きなあの人に食べてもらいたい――だからつくる

つくるのは、どんな理由でもかまいません。毎日使う調味料だからこそ、まずはひとつから、自家製してみませんか？

本書の使い方

- 本書のレシピは少人数の家族（1～4人）でも使いやすい分量が基本です。材料欄に、できあがり分量が書かれていない場合は、すべて〈つくりやすい適量〉と考えてください。
- 計量は、1カップ＝200㎖、大さじ1＝15㎖、小さじ1＝5㎖、1合＝180㎖で、すべてすりきりです。
- 保存期間の目安を記載していますが、保存容器、保存状態、温度、湿度などによって保存期間は変化します。
- 本書のレシピで、とくに説明のない場合は、塩は粗塩、しょうゆは濃口しょうゆを使用しています。
- はじめは本書のレシピを参考につくってみて、だんだん自分好みのレシピにアレンジしましょう。少し塩を足してみようとか、もっと甘味がほしいから砂糖を加えてとか、麹の比率をかえてみる、酢を米酢からリンゴ酢にかえてみる、などなど。じっくりあなたのレシピを育ててください。

あると便利な調理道具

鍋

大量の大豆をゆでたり、中濃ソースやトマトケチャップを煮詰めるには、大きな鍋が便利。寸胴鍋、行平鍋、ホーロー鍋などが使いやすいでしょう。梅など酸が強い素材を扱うときは、ホーローやステンレス製を使います。短時間で煮たり、蒸したいときは圧力鍋がおすすめです。

重しと押しブタ

みそづくりや梅干しづくりで使う重しは、仕込みの段階によって重さをかえていくので、必要重量を1個用意するよりは、軽いものを複数用意すると便利です。たとえば「4㎏の重し」とある場合は、2㎏を2個、あるいは2㎏を1個と1㎏を2個などと組み合わせるのがおすすめです。ペットボトルに水を入れたものや、塩をビニール袋に入れたものなどでも代用できます。

中身に均等に重さがかかるようにするため、まず押しブタをのせてから、重しをのせるのが基本。押しブタは、中身を保護し、カビを防ぐ役割もあります。容器よりひと回り小さいサイズの平らなものであれば、皿などでも代用できます。

保存容器

ガラス容器やホーロー容器は、匂いがつきにくく、耐久性もあり、あらゆるものの保存に使えます。煮沸消毒ができるので、衛生管理がしやすいのも特長。

少量だけつくるものや、すぐに食べきるものなどには、軽くて扱いやすいプラスチック容器が便利です。

保存容器の除菌方法（煮沸消毒やアルコール消毒）については、123～124ページに掲載しています。

その他の器具

発酵させたり糖化させてつくる調味料は、麹や酵母が活動するのに適切な温度にすることがとても重要です。温度計は必須で、用途によってアナログやデジタルを使い分けるとよいでしょう（35ページ参照）。

しょうゆやみりん、柿酢、麦芽糖、煮詰めたものなどを濾すには、さらしでつくった濾し袋がおすすめです。市販の「だし濾し袋」を使ってもよいでしょう。

液状のものを容器に詰める際は、ジョウゴが欠かせません。計量カップや計量スプーンも必須アイテムです。

contents

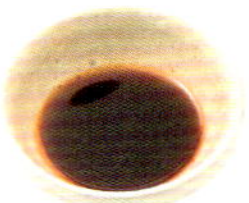

chapter 3

いつでもつくれるおなじみ調味料

chapter 1

じっくり醸《かも》す定番調味料

みそ

大豆、麹、塩。みその材料は、たったこれだけ。なのに、なぜこんなに味わい深いのか。これこそが、麹のチカラです！麹の底力をダイレクトに実感できるのが、みそづくりだといえるでしょう。

みそは日本の発酵調味料の代表的存在で、調味料づくりの入門にもぴったり。大豆を戻したり、ゆでる時間を除けば、仕込みにかかるのは1時間ほどと、意外に手間いらず。食べられるのは半年から1年後。じっくり発酵していくみそと暮らす体験には、調味料づくりの楽しさがギュッと詰まっています。

仕込み時期は「寒仕込み」といって冬が基本ですが、夏以外の10月から5月頃まで仕込むことができます。

素材のこと

大豆

大豆は枝豆が完熟したもので、収穫は11～12月頃。みそを冬に仕込むのは、新豆の旬がこの時期だというのも理由のひとつです。みそづくりには、ぜひ新豆を選んでください。味も香りも豊かで、加熱時間も古い大豆にくらべて短時間ですみます。

麹

蒸した米や麦に麹菌をつけて発酵させたのが、麹です。白い米麹が一般的ですが、玄米麹や麦麹も出回っています。米麹のつくり方は、48ページで紹介しています。

塩

みそづくりには、ミネラルが豊富な自然塩を使うのが一般的。大豆や麹の味を純粋に味わいたい場合は、精製塩を選ぶ方法もあります。

麹の種類と選び方

麹には、乾燥麹と生麹があり、どちらを使ってもＯＫ。スーパーなどで入手しやすいのは、乾燥麹です。乾燥麹は保存性が高く、冷蔵で数カ月保存できます。

生麹は、麹専門店やネット通販などで入手できます。香り高く、発酵が早く進むのが特長。ただし、保存性が低いため、入手後は冷蔵して2～3日以内に使うか、それ以上保存したい場合は冷凍が原則です。

乾燥麹は、生麹より麹じたいの水分が少ないため、みそづくりの際は、大豆のゆで汁や蒸し汁を多めに加えることで固さを調節するとよいでしょう。

麹は、1種類で使うより、白米麹と玄米麹、白米麹と麦麹など、ブレンドすると香りや味わいに深みが出ます。好みの比率を探りつつブレンドするのも、自家製ならではの楽しみです。

基本の米みそづくり

大豆と白米麹と塩を2対2対1の黄金比率で半年以上かけてじっくり醸《かも》す。辛口の米みそは、すべてのみその基本です。

材料　できあがり約4kg分

大豆（乾燥）　1kg
米麹（生または乾燥）　1kg
塩　500g

道具

仕込み容器（8ℓ以上）
ビニール袋（45ℓ用）　2枚
重し（みその同量4kg・7ページ参照）
温度計
押しブタ

【仕込み】2日
【発酵・熟成】6カ月～2年
【保存】常温で2年

大豆を加熱する・塩切り麹をつくる

1

大豆の分量を計る。

2

大豆はよく水洗いし、たっぷりの新しい水に12～24時間浸けて戻す。

3

戻した状態。大豆が水を吸うので、途中で水がなくならないように注意して、足す。

4

割ってみて芯まで戻っていればOK。右は中央が戻っていない状態。

5

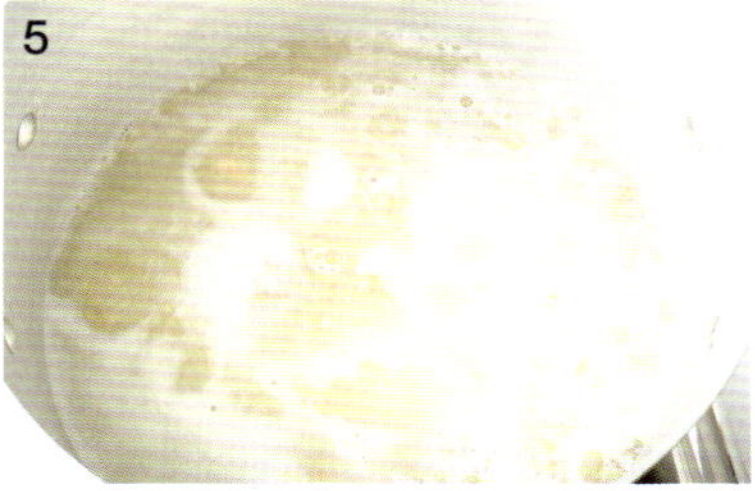

鍋にたっぷりの新しい水と大豆を入れて加熱。ふきこぼれないくらいの火加減で、3～4時間ゆでる。

圧力鍋を使うときは、ゆでるのではなく蒸すとよいでしょう。蒸気が軽く上がるくらいの火加減で、10～30分加圧し、15分ほど放置して圧力を下げます。一度に蒸せる量や水量は鍋の容量やメーカーによっていろいろ。6ℓ容量の場合は大豆1kgを2回に分けて、それぞれ水500mℓを入れて蒸すのが目安。加熱時間も豆の新旧や火力などによって変化するので、固いときはさらに加熱を。ゆでる場合は大豆の皮が蒸気の穴に詰まりやすいので注意してください。

6

大豆をゆでている間に、麹をボウルなどに入れ、ほぐしておく。

7

麹に分量の塩を入れ、もみこむように、よく混ぜる。これを**塩切り麹**と呼ぶ。

8

大豆のゆで上がりの固さは、親指と薬指でつまんで、力をかけずに簡単につぶれるくらいが目安。

9

大豆がゆで上がったら、ザルに上げる。ゆで汁は捨てずに、別に取っておく。

10

破けないよう2枚重ねにしたビニール袋に大豆を入れて、手の平でつぶす。熱いうちがつぶしやすい。ヤケドに注意。

11

つぶし加減は好みで調節。大豆を人肌（36～38℃）に冷ます。熱すぎると麹菌が働かなくなるので、温度計で確認を。

12

つぶした大豆に7の塩切り麹を入れ、まんべんなく混ぜる。固い場合は、9のゆで汁を少しずつ加えて調節する。

13

乾燥麹を使う場合は、麹が水分を吸うのでゆで汁を加えたほうがよい。入れすぎるとカビが生えやすくなるので注意。

14

均等に混ざったら、みそダネの完成。空気を抜くようにボール状に丸める。

15

固さの目安。中央がちょうどよい。左は水分が少なめでひび割れ、右は水分が多すぎて丸めたときに手につく状態。

容器に詰めて熟成させる

16

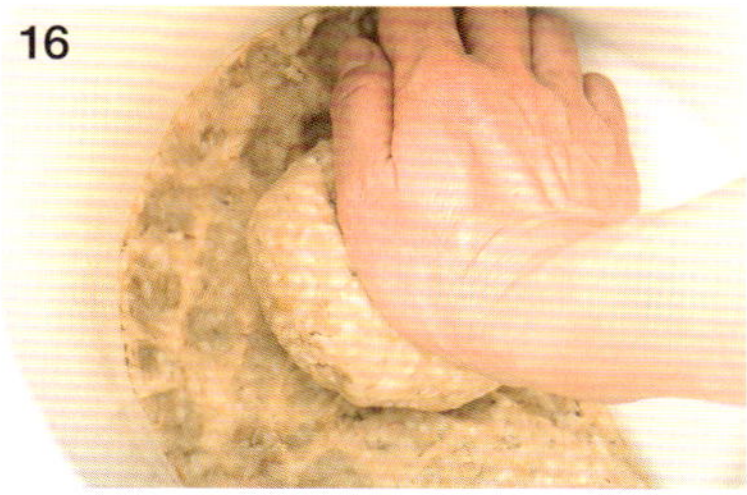

清潔な容器に、丸めたみそダネを詰めていく。できるだけ空気が入らないように押しつけながら詰めるとよい。

17

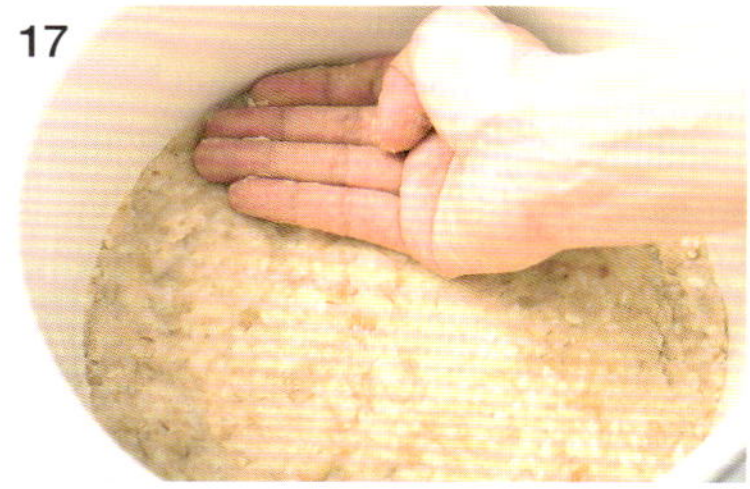

全部詰めたら、表面を平らにならし、空気をできるだけ抜く。容器の内側を、焼酎を含ませたキッチンペーパーでふく。

18

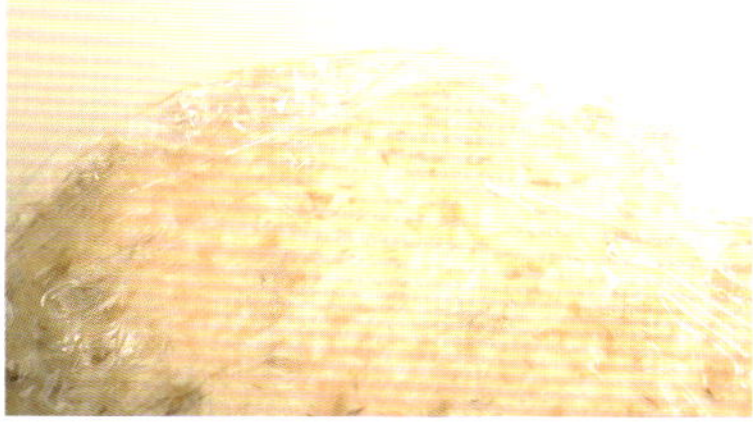

空気に触れないように、表面をぴっちりラップで覆う。押しブタをして、みそと同じ重さ（4kg）の重しをのせる。

19

ほこりが入らないようにビニール袋やふきんなどで覆う。冷暗所におき、発酵熟成させる。

20

仕込んで１～２カ月後に**天地返し**。全体を底からしっかり混ぜる。天地返しをすると発酵が早まるが、しなくてもよい。

21

元通りに表面をならし、**17**同様に容器の内側をきれいにふき、ラップ、押しブタ、みその半量（2kg）の重しをのせフタをする。

22

仕込み後６カ月目くらいから食べられる。寒仕込みの場合は、夏を越してから食べはじめるのがおすすめ。

23

１年ほど経つと塩がこなれ風味が増す。写真は２年熟成したもの。仕込み中にカビが出たら、P.23を参照。

麹をかえて

豆に合わせる麹の種類をかえるだけで、みその味わいもさまざまに変化します。つくり方は、基本の米みそと同様。それぞれ、できあがり約2～2・5kg分の材料です。

玄米みそ

材料

大豆（乾燥）　500g
玄米麹　500g
塩　250g

玄米麹

玄米麹を使った玄米みそは、胚芽などが含まれるため栄養価も高く、味わい深いのが特長です。白米麹と玄米麹を好みの配合でブレンドし、合わせみそとして仕込むと、味わいもかわります。お試しを。

麦みそ

材料

大豆（乾燥）　500g
麦麹　1kg
塩　200g

麦麹

麦麹を使ったみそは、九州や四国、中国地方で多く食べられています。本書では、やや甘口のレシピ。香り豊かな麦みそは、幅広く好まれます。辛口が好きな人は、塩を大豆の半量に増やして仕込んでください。

合わせみそ

材料

大豆（乾燥）　500g
米麹　250g
麦麹　250g
塩　250g

米麹

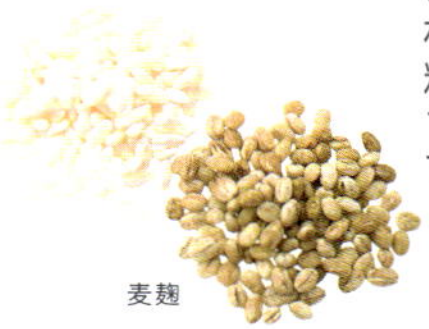

麦麹

米麹と麦麹を合わせて仕込む合わせみそは、味わいに深みが増し、みそづくり初心者にもおすすめです。ここでは米麹と麦麹を1：1にしていますが、好みで米麹を多くしたり、麦麹を多く配合してみてください。

豆をかえて

豆の種類をかえればみその風味もかわります。ここでは黒豆、小豆、金時豆でつくるかわりみそをご紹介。どの豆も水にひと晩浸けて戻し、あとは基本の米みそと同様に。できあがり約2〜2・5kg分の材料です。

黒豆みそ

材料

黒豆（乾燥）　500g
米麹　500g
塩　250g

黒豆

黒豆も大豆なので、基本的な風味はかわりませんが、黒豆を使うと独得のコクが加わり、黒っぽい色に仕上がります。黒米の麹が入手できたら、黒豆×黒米麹で仕込むと、いっそう深い風味の、黒いみそができます。

小豆みそ

材料

小豆（乾燥）　500g
米麹　1kg
塩　200g

小豆

小豆は大豆よりたんぱく質が少ないので、麹を多めに配合して風味を出します。みそ汁にはもちろん、ドレッシングやディップにしたり、炒め物などの味つけに使うとおいしい、甘口のみそに仕上がります。

金時豆みそ

材料

金時豆（乾燥）　500g
米麹　1kg
塩　200g

金時豆

金時豆はインゲン豆の一種です。小豆と同様、大豆よりたんぱく質が少ないので、麹を多い比率で配合して、旨味を出すレシピです。小豆みそと同じように使いますが、金時豆ならではの風味を楽しめます。

麹と塩の比率をかえて

白みそ

麹を増やし、塩は減らして甘口に。
2週間で簡単にできる、やさしい味わいのみそです。

材料　できあがり約500g分
大豆（乾燥）　100g
米麹　200g
塩　30g

発酵・熟成　2週間　**保存**　冷蔵で6カ月

つくり方

❶ P.15の**1**～P.16の**9**まで、基本の米みそと同じ。
❷ ゆでた大豆をジッパーつきビニール袋に入れ、手の平で押しつぶす（a）。**塩切り麹**を入れてまんべんなく混ぜる（b）。
❸ 固いときは、取っておいた大豆のゆで汁を加えて調節する。
❹ 空気を抜いて、ぴっちり封をする（c）。
❺ 常温の冷暗所で熟成させる。2週間目くらいから食べられる。3週間目からは冷蔵保存。

a
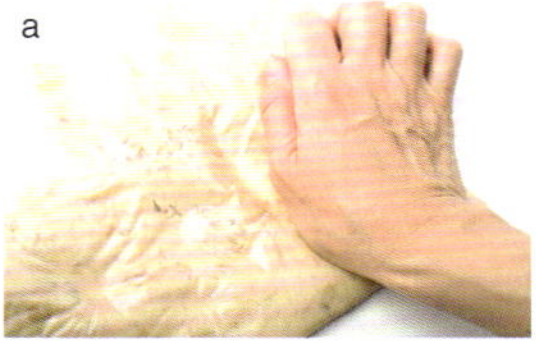

b
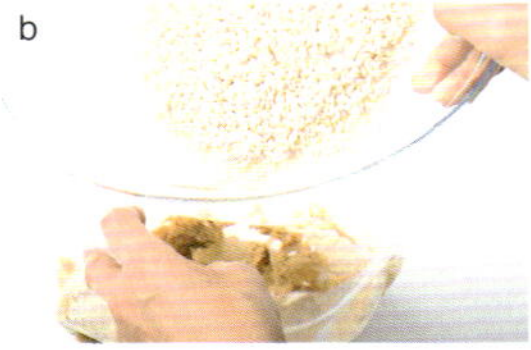

c

memo
麹の量を多く、塩を少なく配合した甘みそです。短期間で熟成するので、少量ずつジッパーつきビニール袋を使って仕込めば、手軽につくれます。5～10月の暑い時期は、冷蔵庫で熟成させましょう。塩分が少ないので、早めに食べきるのがおいしさのコツです。

3種類の麹を使って
金山寺みそ

米麹と麦麹と豆麹を同量ずつ。
野菜と甘味を加えた旨味たっぷりみそ。

材料　できあがり約1kg分

米麹　200g
麦麹　200g
豆麹　200g
塩　100g
砂糖　100〜150g
はちみつ（または水あめ）　60mℓ
野菜（ナス・キュウリ・しょうが・シソ・ミョウガ・ニンジンなど）　計300g

|発酵・熟成|　1〜2カ月　**|保存|**　常温で6カ月

つくり方

❶ 3種の麹と塩を混ぜて、**塩切り麹**をつくる（a）。砂糖を加えて、まんべんなく混ぜる。
❷ 野菜は適当な大きさに切る（b）。
❸ ❶の麹に❷の野菜、はちみつを混ぜる（c）。
❹ 清潔な容器に❸をみっちりと詰め、押しブタをして、できあがりの3倍重量の重し（ここでは3kg）をのせる（d）。1〜2カ月後から食べられる。

a

b

c

d

memo
米、麦、豆と3種の麹で仕込む金山寺みそは、まさに複雑な旨味を醸し出します。発酵調味料が好きな人は、ぜひ手づくりして、とびきりのおいしさを味わってください。具は好みのものを組み合わせて。ここでは小さめのざく切りにしていますが、大きい具が好きな人は、大きめに。

column

みそのこと

みその種類

みそは、米麹でつくる米みそ、麦麹の麦みそ、豆麹の豆みそがあります。

麹の種類のほか、大豆と麹の比率、塩分濃度によって、みその種類は決まります。

もっとも一般的なのは米みそ。米麹でつくる辛口の赤みそは各地で見られますが、麹の量が多く塩分が少ない白みそは、関西地域を中心に発展してきました。麦みそは、九州や四国、中国地方では甘口が多く、関東では辛口が好まれます。

みそは麹の量が多いと甘くなり、発酵時間も短くなります。塩分濃度が高い辛口みそは、1年以上熟成させると旨味が増していきます。

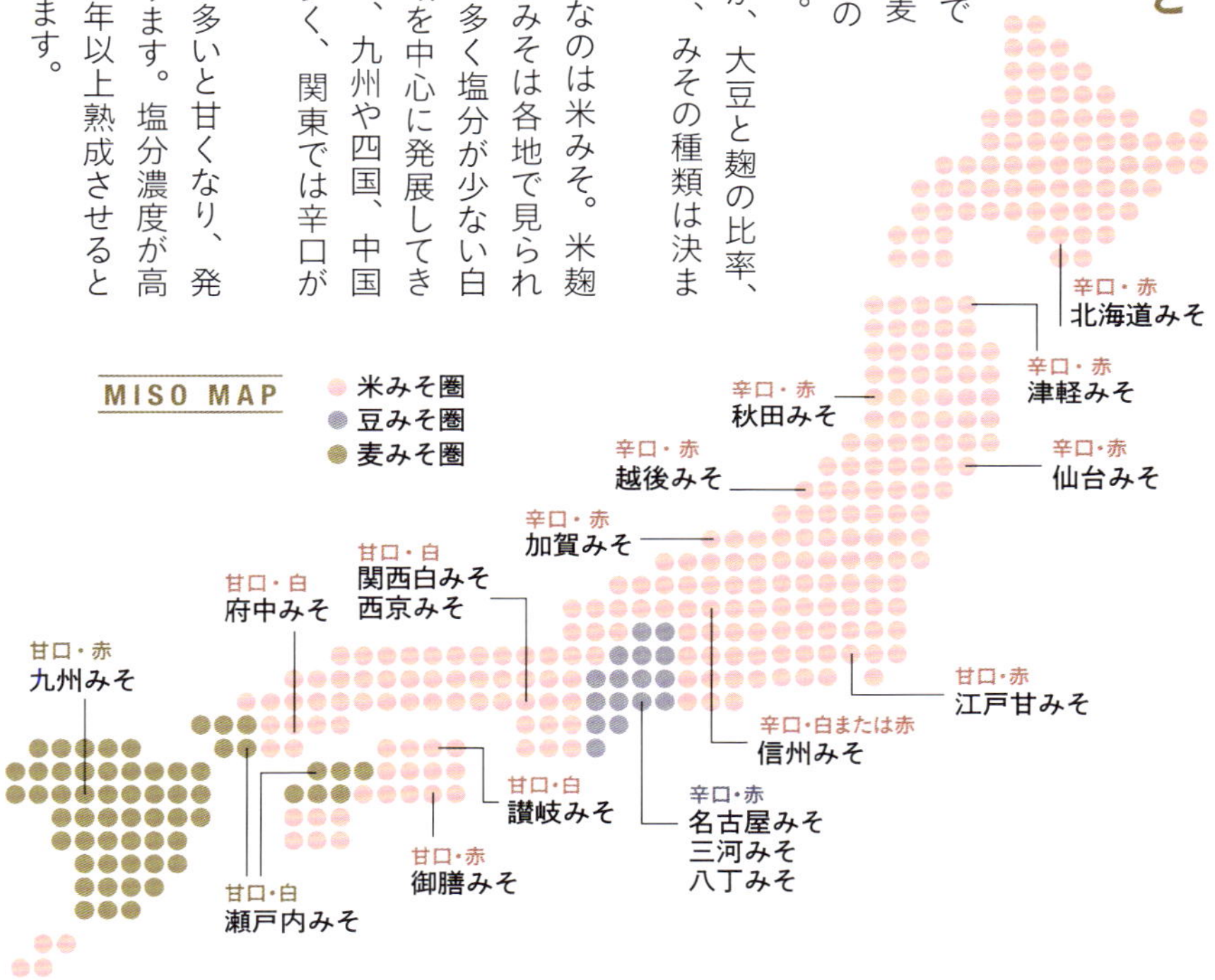

寒仕込みとは

寒い時期に仕込むことを寒仕込みといいます。暦では二十四節気の小寒を寒の入りと呼び、大寒を中日として、立春の前日（節分）までが寒の内です。例年、小寒は1月5日頃、大寒は1月21日頃、立春は2月4日頃です。

みそは寒仕込みがよいといわれますが、それは温度が発酵に適していることが最大の理由。はじめは雑菌を抑えながら低温でゆっくり発酵します。夏に活発に発酵し、秋に気温が低下した後はじっくり熟成。この温度変化を経ることで、みそ本来の香りや旨味が生まれるのです。実際、夏を越して秋を迎えたみそを見ると、ぐっと色が濃くなっていることに毎年、感動します。

白みそ以外は、仕込み後1年から2年が香り高くておいしい時期です。わが家では、好みの味になったら冷蔵庫の野菜室に移動。こうすると、味と香りをキープできます。

どんな大豆を選ぶ?

大豆は、国産の非遺伝子組み換えで、できれば無農薬、無化学肥料栽培のものを選びたいところ。品種は問いませんが、どの地方にも古くから伝わった在来種の豆があるものです。在来種で仕込んだみそは、いとしさもひとしお。在来種を探す場合は、地元の農家やJAなどに聞いてみましょう。

カビやたまりのこと

みそにカビはつきものです。カビが出るほうが普通なので、あわてないこと。カビを見つけたら、冷静にスプーンなどでカビの部分を取り除き、焼酎を含ませたキッチンペーパーで容器をふいて、元通りにラップして重しをかけておきましょう。

白カビが多いですが、黒や緑のカビを見つけたときは、すぐに取り除くことが大切です。

また、発酵途中に液体が上がってくることがあります。これが**たまり**。たまりが上がるのは、順調に発酵しているしるし。そのままでもよいし、**天地返し**をする場合は、たまりごと混ぜればOKです。

カビはスプーンなどで取り除けば大丈夫。

重しをしっかりのせると、たまりが上がりやすく、カビが出にくい。

みそでつくる調味料

江戸時代は、みそをベースにした調味料「たれみそ」を、そばつゆに使っていたといいます。みその旨味が際立つ「たれみそ」は、ふつうのめんつゆとひと味違い、みその香りを楽しめるので気に入っています。

辛口みそ100gを水300mℓで溶き、4分の3くらいの量になるまで煮詰めます。これをザルなどで濾して鍋に戻し、酒小さじ2、かつお節ひとつまみを加えてひと煮立ちさせ、ザルで濾します。最後に塩としょうゆで味をととのえてできあがり。冷蔵で1週間ほど保存できます。

たれみそ
濾すときに布に入れてたらしてつくったのが名前の由来。

みその楽しみ

自家製みそに具材を合わせるだけ。香りや食感を楽しむ〈うまみそ〉です。

お弁当にも大活躍

肉みそ

材料

豚ひき肉　200g
長ネギ　1/2本
にんにく　1片
しょうが　1片
サラダ油　大さじ1
A
　みそ　大さじ3
　酒　大さじ2
　みりん　大さじ1
　しょうゆ　大さじ1

保存 冷蔵で1週間

つくり方

❶Aの材料を合わせて混ぜ、みそをゆるめておく。
❷長ネギ、にんにく、しょうがをそれぞれみじん切りする。
❸鍋に油とにんにく、しょうがを入れて中火で加熱し、香りがたってきたら、豚ひき肉を加えて炒める。
❹豚ひき肉に火が通ったら長ネギを加えて炒め、しんなりしたら❶を加える。2～3分混ぜながら炒め、じゅくじゅくしてきたら、できあがり。

春の苦味がおいしい

フキノトウみそ

材料

フキノトウ　100g
みそ　70g
酒　大さじ1
みりん　大さじ2
砂糖　大さじ1/2
サラダ油（またはゴマ油）　大さじ1

保存 冷蔵で6カ月

つくり方

❶みそ、酒、みりんを合わせて混ぜ、みそをゆるめておく。
❷フキノトウは洗って汚れを落とし、水気をきり、みじん切りに。
❸鍋に油を入れて熱し、❷のフキノトウを炒める。
❹❸に❶と砂糖を加え、木ベラでよく混ぜながら、中火で加熱する。ぽってりしてきたら、できあがり。

＊フキノトウのアクが気になるときは、はじめにさっとゆでて絞ってから、みじん切りにするとよい。

香ばしさがたまらない

ネギみそ

材料

長ネギ　1本
にんにく　1片
しょうが　1片
サラダ油　大さじ1
A
　みそ　80g
　酒　大さじ2
　みりん　大さじ1
　しょうゆ　大さじ1/2

保存　冷蔵で6カ月

つくり方

❶Aの材料を合わせて混ぜ、みそをゆるめておく。
❷長ネギ、にんにく、しょうがをそれぞれみじん切りする。
❸鍋に油とにんにく、しょうがを入れて熱し、香りがたってきたら長ネギを加え、しんなりしたら、❶を加える。焦げないように混ぜながら加熱し、ぽってりしてきたら、できあがり。

＊ネギの青い部分を使うと、見た目もきれいに仕上がる。

食欲もりもり

にんにくみそ

材料

にんにく　丸2個
サラダ油　大さじ1/2
A
　みそ　100g
　酒　大さじ2
　みりん　大さじ1
　しょうゆ　大さじ1

保存　冷蔵で6カ月

つくり方

❶Aの材料を合わせて混ぜ、みそをゆるめておく。
❷にんにくは皮をむき、さっとゆがいてから、根元の固いところを取り除いて薄切りにする。水気をきる。
❸鍋に油とにんにくを入れ、焦げないように2～3分炒める。❶を加えて混ぜ、ぽってりしてきたら、できあがり。

＊にんにくは、ゆでずに生のまま炒めてもよい。好みで、みじん切りにしても。

しょうゆ

香り高い自家製しょうゆは、じっくり1年以上熟成させる発酵調味料の王様。つくった人だけが味わえる、最高の贅沢品です。しょうゆ麹をおこすのは、手間と時間とちょっとのコツが必要ですが、苦労をしてでもつくる価値があるおいしさです！

素材のこと

しょうゆ用種麹

しょうゆ麹をおこすための重要アイテム。粉末状の種麹は、麹専門店やネット通販などで入手が可能。米麹用や麦麹用ではなく、しょうゆ麹用を使ってください。私は糀屋三左衛門（コウジザ）や樋口松乃助商店（ヒグチモヤシ）の種麹を利用しています。

大豆

国産の非遺伝子組み換えで、できれば無農薬・無化学肥料栽培のものを選びましょう。香りのよい新豆がおすすめです。

小麦

小麦粉ではなく、粒のままの玄麦《げんばく》を使います。玄麦はネット通販などで入手可能。地域の農家やＪＡなどに問い合わせる方法もあります。

塩

にがり成分やミネラルを含んだ自然塩がよいでしょう。

丸2日は麹の温度管理を

しょうゆづくりは、しょうゆ麹を上手におこすことができるかどうかが決め手。しょうゆ麹を仕込みはじめたら、丸2日（約45～48時間）は、つきっきりの温度管理が必要です。外出などの予定がなく、常に麹のそばについていられる2日間を仕込みの日に選んでください。

しょうゆづくりもみそと同様、寒仕込み（22ページ）が基本。麹の温度管理がしやすいように、気温の低い季節、10月から5月頃までが仕込みに適しています。

また、しょうゆ麹をおこすときは、雑菌や納豆菌が繁殖しないようにすることも大切です。仕込みの前日から、家族みんなで納豆を食べないようにしましょう。

本書ではしょうゆ麹をおこす方法を紹介していますが、麹専門店やネット通販などでは、できあがったしょうゆ麹を入手することもできます。

基本のしょうゆづくり

材料 できあがり約1ℓ分

大豆(乾燥) 500g
小麦(玄麦) 500g
塩 500g
水 1.25ℓ
しょうゆ用種麹 約4g

道具 35ページ参照

米袋(紙製)
仕込み容器(3.5ℓ以上、塩分に強いホーローや陶製がおすすめ)
加温器具(ホットカーペット、湯たんぽ、電気あんか、簡易カイロなど)
バスタオル または 毛布
温度計
濾し袋

【仕込み】 3日
【発酵・熟成】 8カ月〜2年
【保存】 もろみは常温で1〜2年
しょうゆは常温で1年
生しょうゆは冷蔵で1カ月

大豆と小麦と塩を1対1対1。
この比率で、濃口しょうゆをつくりましょう。
できあがったしょうゆは火入れして保存しますが、
加熱しない生しょうゆも、ぜひ味わってください。
絞る前のもろみも、自家製ならではのごちそうです。

1

大豆はよく洗い、たっぷりの水に12～24時間浸けて戻す。割ってみて芯まで戻っていればOK。(P.15の4参照)

2

圧力鍋で30～50分、やわらかくなるまで蒸す。圧力鍋がない場合は蒸し器で蒸す。ゆでた場合はしっかり水を切ること。

3

大豆を蒸している間に、小麦の準備をする。ぱちぱちはじけてぷっくりし、こんがりキツネ色になるまで小麦を炒る。

4

3の小麦をミキサーなどで砕く。粉末にせず、粗く4分割くらいがよい。すり鉢とすりこぎで砕いてもOK。

5

4の小麦を40℃以下に冷ましたら、しょうゆ用種麹を加え、まんべんなく混ぜる。

6

大豆がやわらかくなったら（P.16の8参照）、ザルに上げ、人肌（36～38℃）の温度に冷ます。

7

6の大豆に、5の小麦と種麹を合わせたものを加え、両手でまんべんなく混ぜる。

8

米袋に7を入れる。このタイミングをAとし、これ以降、30～35℃を約45～48時間保つ。

しょうゆ麹をおこす（A以降約45～48時間、常に30～35℃を保つ）

9

袋の中の麹を平らにならし、袋を半分に折る。

10

加温器具（ここでは電気あんか）の上にタオルを敷き、9をのせる。上からバスタオルをかけ、30～35℃を保つ。

11

Aから12時間前後で麹が発熱しはじめる。35℃を超えそうになったら加温をやめ、外気を入れて温度を下げる。

12

Aから15～19時間経ったら**一番手入れ**（手で全体を混ぜてほぐす）。空気を入れて放熱し、再び平らにして温度管理する。

13

Aから25～28時間経ったら**二番手入れ**。**12**と同様に全体を混ぜてほぐし、30～35℃を維持するよう温度管理。

A以降、少なくとも2～3時間おきに温度計で温度をチェックする。35℃を超えそうになったら加温をやめ、袋の口をあけて外気を入れる。30℃より下がりそうになったら再度加温開始。**13**の二番手入れのあたりから顕著に発酵熱が上がってくるので、絶対に40℃を超えないように注意！ 麹の入った袋をすのこなどの上にのせ、下からの通気を確保すると、温度管理がしやすくなる。

14

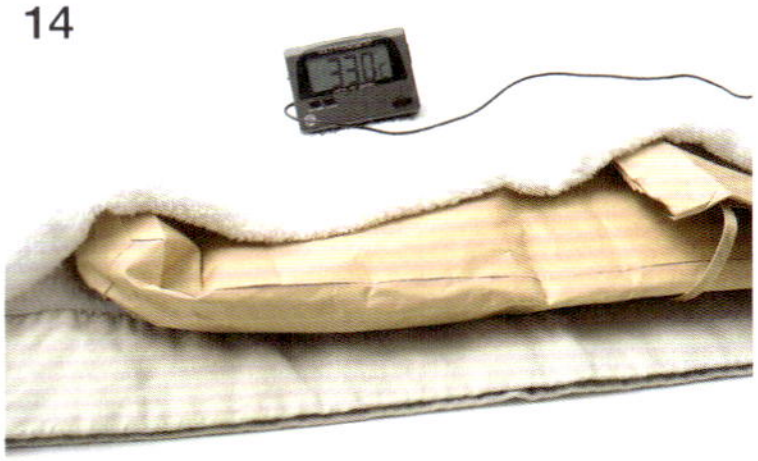

袋の中の麹を広げて、
袋の厚さを薄くする。

15

Aから45～48時間後、大豆や玄麦がほぼ緑色になり、さらさらした状態になれば**出麹**（麹のできあがり）。

もろみを仕込む（Aから約45～48時間後）

16

15のしょうゆ麹を仕込み容器に入れる。別のボウルに分量の塩と水を合わせて塩水をつくる。

17

しょうゆ麹に16の塩水を入れて混ぜる。塩水の塩はすべて溶けていなくても、熟成中に混ぜれば溶ける。

18

蒸発したりゴミが入らないようにフタをし、雑菌の繁殖を防ぐため冷暗所に2週間ほど置く。冷蔵庫に入れてもよい。

19

2週間経ったら、暖かい場所に容器を移動。ここからは月2～3回以上混ぜる。

20

フタは密閉せず、やや隙間があるぐらいのほうがよい。

21

夏も常温でおき、8カ月～2年発酵熟成。写真は8カ月後。1年以降からカビが出やすくなるので、最低週1回は混ぜる。

成功のポイント

●麹をおこす際、40℃を超すと納豆菌が非常に繁殖しやすくなり、失敗の原因になります。発酵とともに麹がかたまりになっていくと、内部だけ急激に高温になることがあるので、ほぐしながら手でも温度を確認し、できるだけ35℃以下を維持。

●温度や湿度が低すぎると発酵しにくくなります。30℃以下にならないよう加温。麹が乾燥して熱が上がらないときは、霧吹きで水分を補給。

●麹は、仕込み中に動かすとダメージを受けるので、手入れはできるだけ3回以内に。それでも、40℃以上になりそうなときは、ためらわずに手を入れ、麹をほぐして放熱させてください。

●万が一、納豆菌が繁殖してしまっても、腐敗臭がしなければ、そのまま仕込んでみてください。発酵熟成が進むと、納豆臭が薄くなっていきます。

しょうゆを絞る（もろみを仕込んで約8カ月～2年後）

22

夏の暑さを越すと色もぐっと濃くなり、香りも増す。仕込みから約8カ月以降、2年以内に絞る。写真は1年半後。

23

水分が蒸発して量が減っている場合は、80℃の湯を適量、味をみながら足していく。元の分量までが目安。

24

濾し袋は水洗いして、ぎゅっと水気を絞っておく。ザルに濾し袋をのせ、もろみを入れる。

25

両手で濾し袋を軽く押すように絞り、濾す。ぎゅうぎゅう絞るとしょうゆが濁るので、1日くらいかけてじっくり絞る。

26

絞ったしょうゆは、80℃まで加熱して火入れし、発酵を落ち着かせる。

27

煮沸消毒した保存用のビンに入れて、常温または冷蔵保存。火入れしない生しょうゆは、冷蔵して1カ月以内に使う。

しょうゆの絞り方

ゆっくり圧をかけて絞るには、漬け物容器や豆腐づくり器を使うと便利。しょうゆが濁ってしまったら、1～2日おいて濁りを沈殿させ、上澄みを静かに取り分けましょう。

column

しょうゆのこと

しょうゆの種類

大豆と小麦と塩を原料に、麹で発酵させるしょうゆは、日本で独自に発達した調味料です。古代中国に伝わる醤《ひしお》がルーツといわれており、日本で「醤油」という文字が文献にあらわれたのは室町時代。庶民に調味料として広まったのは、江戸時代後期の文化・文政期のことでした。

現在、しょうゆは、日本農林規格によって5つの種類に分類されています。もっとも一般的なのが濃口しょうゆ。全生産量の約8割を占め、本書で紹介しているのも濃口しょうゆです。

関西では薄口しょうゆが好まれています。他の地域でも、おもに色をつけたくない料理に使われます。薄口しょうゆは色や香りは濃口より薄いのですが、塩分は高くなります。

濃口 ［塩分］約16〜18％
大豆と小麦でつくられる一般的なしょうゆ。

薄口 ［塩分］約18〜19％
大豆と小麦がおもな原料。発酵期間が短く、色は薄いが塩分は高い。

たまり ［塩分］約16〜17％
大豆と少量の小麦でつくる、とろみのある濃厚で香り高いしょうゆ。

再仕込み ［塩分］約16％
麹を塩水ではなく生じょうゆで仕込む製法。どろっとして濃厚。

白 ［塩分］約18％
小麦と少量の大豆で短期熟成、麹の香りが強く色の薄いしょうゆ。

なぜ冬に仕込むの？

寒仕込み（22ページ）がよいのは、麹の温度管理がしやすいことと、雑菌の繁殖を抑えられることがあります。

しょうゆ麹をおこす作業では、とくに2日目に急激に温度が上昇します。このとき、冷たい空気を麹に送ることで、温度を下げるのです。温度を上げるのは比較的簡単なのですが、下げるのは難しいもの。だから、気温の低い冬が仕込みやすいのです。

また、みそと同様に、四季の温度変化が発酵に適していることも、大きな理由。

夏は、もろみが活発に発酵し、秋になると、色が急に濃くなり、香りもしょうゆらしくなってきます。

手づくりして、1年以上そばで見守ってあげると、低温→高温→低温という季節の変化を経ることで、おいしいしょうゆに育っていくことを実感できるでしょう。

道具のこと

しょうゆづくりは道具の準備が重要です。便利な道具があると、しょうゆづくりのハードルがぐんと下がります。

必須アイテムは、麹を温める加温器具と、温度を計るための温度計。

加温器具は、ホットカーペット、床暖房、電気毛布、電気あんか、簡易カイロなど、なんでもOKです。ただし、自動で電源が切れてしまうタイプも多いので、連続して保温できるものがおすすめです。

温度計は、アナログとデジタルの両方あると便利。私は、加熱した大豆の温度を計るにはアナログ、麹の加温中は先端に温度センサーがついた熱帯魚飼育用のデジタルを使っています。さらにサーモスタットがあると、麹の温度管理がとてもラク。これも、熱帯魚飼育用が使いやすくておすすめです。

米袋や濾し袋はネットでも入手でき、初心者に便利な道具です。

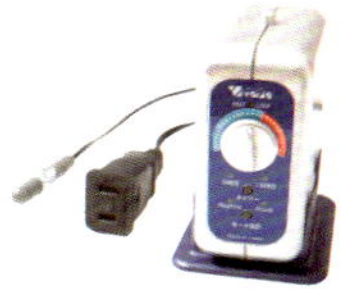

熱帯魚飼育用サーモスタット
電気あんかなど、加温器具を接続して使用。温度を設定すると、自動でオンオフしてくれる。

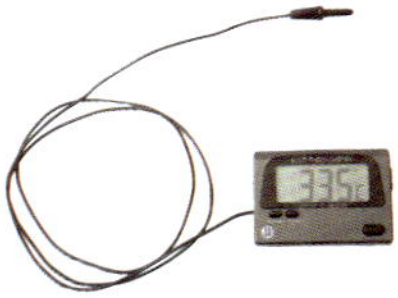

熱帯魚飼育用デジタル温度計
0～50℃まで計れるものがよい。先端に温度センサーがついているタイプを選ぶ。

アナログ温度計
0～100℃まで計れる料理用のものがよい。

米袋
麹を入れる袋。紙製で通気性がよく、温湿度の管理がしやすい。本書では10kg用を使用。

濾し袋
もろみを絞るときに使用。木綿素材のさらしを袋状に縫うか、市販の「だし濾し袋」などを利用するとよい。

しょうゆ麹の世話

しょうゆ麹の世話とは、ずばり温度管理のこと。約45~48時間、30~35℃を保つように、加温したり、手で混ぜたり、空気を送って温度を下げたりします。丸2日間は、できるだけ、麹のそばについていてほしいのです。

途中で温度が下がりすぎると、麹の元気がなくなり、48時間でできあがらなくなります。また、途中で温度が上がりすぎると、納豆菌が繁殖してしまいます。とくに2日目は、順調に麹が育っていると、急激に温度が上昇。こうなると、もう加温は必要なく、温度を下げるほうに作業をシフトします。どうしても2時間以上、外出しなければならないときは、私は麹を連れていきます（52ページ）。

48時間たっても麹が緑色にならないときは、さらに加温して温度管理をつづけます。麹の仕込みから72時間後くらいまでに**出麹**《でこうじ》しましょう。

column

もろみの世話

　無事にしょうゆ麹ができあがり、**もろみ**を仕込んだ後は、大きな仕事をやり終えた達成感に満たされます。以降も、もろみの世話が必要ですが、毎日混ぜる必要はなく、月2〜3回ほど混ぜれば大丈夫です。

　混ぜた後は、なめて味を確認してみましょう。はじめはただ塩辛いだけですが、発酵が進むにつれて、味も香りもだんだんしょうゆらしくなっていきます。この経過がいとおしいのです。

　とくに夏。30℃を越える日が続く頃、もろみをじっと見ていると、ポコ……ポコ……と、発酵している様子が見られます。「生きてるんだな〜」と思わず笑顔になる瞬間です。

　しかし、1カ月以上放置したり、混ぜないで長期間忘れていると、カビが発生することがあります。少量のカビなら取り除けば問題ありませんが、大量のカビが一度出ると、取っても取ってもカビが出ます。こうならないように、最低でも月2回はもろみの様子を見て、混ぜてあげるようにしてください。

　カビが続くときは、カビを取り除いたもろみを80℃まで加熱し、冷蔵庫へ。低温でじっくり発酵させつつ、カビを予防します。

カビはそっと取り除く。

焼酎を浸したキッチンペーパーで容器をふく。

もろみや絞りかすの楽しみ

　絞ったしょうゆはもとより、絞る前のもろみが味わいたくて、しょうゆをつくっているといってもいいかもしれません。刺身、餃子、シュウマイ……。しょうゆをつけて食べる料理には、うちではもろみを使っています。自家製したら、ぜひ、絞る前のもろみをいろいろな料理に使ってみてください。

　しょうゆを絞ったかすも、おいしく利用できます。わが家では、唐揚げや豚のしょうが焼きの下味、即席漬けや炒め物の隠し味に使っています。お肉はやわらかく、野菜は深い味わいになります。

絞る前のもろみ。写真は仕込み後、2年経ったもの。

絞りかすは、冷蔵で約1カ月、冷凍すれば半年ほど保存できる。

しょうゆの楽しみ

自家製しょうゆに薬味を漬けるだけ。旬の香りや風味を楽しむ〈うましょうゆ〉です。

ピリリと辛うま

山椒の実しょうゆ

材料

山椒の実　50g
しょうゆ　100mℓ

【保存】冷蔵で6カ月

つくり方

❶山椒の実は下ごしらえする（P.56 ❶〜❸参照）。

❷保存ビンに❶の山椒の実を入れ、しょうゆをひたひたになるまで注ぐ。

爽やか風味

シソの実しょうゆ

材料

シソの実　50g
しょうゆ　100mℓ

【保存】冷蔵で6カ月

つくり方

❶シソの実は、穂からはずして洗い、さっとゆでて水気をきっておく。

❷保存ビンに❶のシソの実を入れ、しょうゆをひたひたになるまで注ぐ。

炒め物にもつけだれにも

にんにくしょうゆ

材料

にんにく　丸2個
しょうゆ　100mℓ

【保存】冷蔵で6カ月

つくり方

❶にんにくは皮をむき、さっとゆでて水気をきる。

❷保存ビンににんにくを入れ、しょうゆをひたひたになるまで注ぐ。

焼き肉や卵料理に

ニラしょうゆ

材料

ニラ　1/2束
しょうゆ　100mℓ

【保存】冷蔵で6カ月

つくり方

❶ニラはさっと洗って水気をきり、ざく切りにする。

❷保存ビンに❶を生のまま入れ、しょうゆをひたひたになるまで注ぐ。

塩みりん

もち米、米麹、米焼酎。この米トリオがみりんの原料。まさに米の国ならではの調味料です。できあがったら酒税法対策のため2％の食塩を添加してください。

材料 できあがり約1ℓ分

もち米　3合（1合＝180㎖）
米麹　400g
米焼酎（35度）　900㎖
塩　約20g（できあがり量の2％）

仕込み 1日
熟成・発酵 6カ月〜1年
保存 常温で2年

1

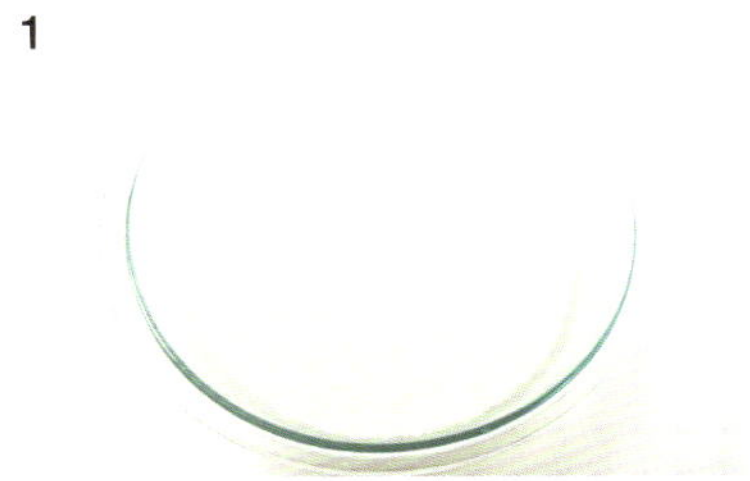

もち米は洗ってから、12〜24時間水に浸けておく。

2

もち米を固めに炊く。通常の水加減の約2/3量、米がひたひたに浸かる程度。蒸し器を使う場合は30〜40分蒸す。

3

麹はかたまりをほぐしておく。炊きあがったもち米は、温度計で計り、40°Cまで冷ます。

4

仕込み容器に、**3**のもち米、麹を入れ、米焼酎を加えてよく混ぜ、フタをして常温でおき、発酵熟成させる。

5

1〜2カ月に1回、フタをあけて混ぜる。3カ月くらいから色づきはじめ、6カ月以上経つと、琥珀色のみりんができる。

6

ザルに袋状の濾し袋をのせ、仕込み容器のみりんを濾す。

7

両手でもむように絞る。残ったみりん粕は捨てずに、料理に利用する（P.41）。

8

濾したて（右）は濁っているが、ひと晩おくと濁りが沈むので、上澄みを静かに取り分ける（左）。

column

みりんのこと

みりんの種類と歴史

みりん（味醂）は本みりんとも呼ばれ、蒸したもち米と米麹、アルコールからできています。

一方、みりん風調味料は、酒税法の対象にならないようにアルコール度数は1％未満。アミノ酸や糖類を添加してあるのが一般的です。

もともとみりんは、日本酒と同じように飲用でした。甘い高級なお酒だったのです。

調味料として使われはじめたのは、江戸中期の頃。つゆなどに使われていたそうです。現在のようにいろいろな料理に使われるようになったのは、明治後期から昭和初期のこと。

いまでもお正月に飲むお屠蘇《とそ》は、みりんに薬草を加えたものですが、みりんが飲料だった頃の名残です。

自家製みりんへの道

みりんは、身近な材料だけで仕込むことができ、手間もかかりません。本書のレシピが完成するまで、いろいろ実験してみました。もち米ではなく、普通のうるち米で仕込んだものは、甘味はまあまあでしたが、絞ったみりんがいつまでも濁っていて、いまひとつみりん気分が盛り上がりません。

米焼酎のアルコール度数も、25度で仕込んでみたところ、やはり甘味がいまひとつ。

というわけで、もち米と35度の米焼酎を使うレシピに落ち着きました。35度の米焼酎は、スーパーなどでは入手しづらいので、酒専門店かネット通販で購入するとよいでしょう。

仕込んでからじっと待つこと半年以上。透明だった液体が、薄く色づき、やがて濃い琥珀色に染まります。そうなったら、味をみてください。十分に甘くなっていたら、絞ってＯＫ。ただし、酒税法対策のため、自家製みりんには塩を2％ほど加えて、塩みりんにしておきましょう。

うれしい副産物、みりん粕

みりんを絞ると、みりん粕が残ります。これがすごくおいしいのです。別名「こぼれ梅」とも呼ばれるみりん粕は、芳醇な香りの甘い酒粕。

鍋やみそ汁に入れて粕汁にしたり、パンケーキやクッキーを焼くときのタネに入れてもおいしいです。次ページで活用方法をいくつかご紹介します。

みりん粕は甘い酒粕。

みりん粕の楽しみ

ほのかに甘くてコクのあるみりん粕を漬け床に。しっとりした食感の簡単おやつにも。

みりん粕の粕漬け

材料

みりん粕　100g
みそ　100g
酒　大さじ1と1/2
塩　小さじ2

つくり方

❶すべての材料を混ぜる。
❷白身魚や豚肉、鶏肉などに❶をまぶしてぴったりラップし、ひと晩漬ける。粕床を取り除いてから焼くと、焦げにくい。

みりん粕の野菜漬け

材料

みりん粕　大さじ2
塩　小さじ1/2～1
しょうゆ　小さじ1/2～1
野菜（ニンジン、キュウリ、ダイコンなど）

つくり方

❶好みの野菜を薄切りにする。
❷みりん粕、塩、しょうゆを混ぜて、❶の野菜を漬けてもみ、1時間ほどおく。

みりん粕のココアボール

材料

みりん粕　100g
ココアパウダー　大さじ1＋適宜（まぶし用）
はちみつ　大さじ1
クルミ　適宜
レーズン　適宜

つくり方

❶みりん粕、ココアパウダー大さじ1、はちみつ、砕いたクルミ、みじん切りにしたレーズンを混ぜて練り、ボール状にまとめる。
❷ココアパウダー適量をまぶしてできあがり。

塩麹

麹のおいしさとチカラをシンプルに味わうには、塩麹が手軽です。麹に対して塩が30〜35％のレシピが一般的で、少し塩辛いですが、保存性を高めるための塩分濃度です。

米麹のほか、玄米麹や麦麹でつくったり、麹をブレンドしてもよいでしょう。仕込みの際、麹と塩をもみこむようによく混ぜるのが、おいしさのコツです。

材料　できあがり約200g分

米麹　100g
塩　30〜35g（麹の30〜35％）
水　100〜150㎖

仕込み　10分
発酵・熟成　1〜2週間
保存　冷蔵で6カ月

1

麹はほぐして容器に入れ、塩を加える。

2

麹と塩をていねいによく混ぜ合わせ、**塩切り麹**にする。

3

ひたひたより多めの水を加え、常温でおく。翌日、麹が水を吸って減った分の水を足す。1日1回混ぜて発酵熟成させる。

夏は約1週間、冬は2週間ほどおき、甘みが出て麹がとろりとしたらできあがり。完成後は冷蔵保存。肉や魚などに少量塗って下漬けしたり、野菜の浅漬けなどに。炒め物、焼き物、煮物などに塩のかわりに使うのもおすすめです。

variation

薬味塩麹

基本の塩麹に、薬味（にんにく・しょうが・長ネギ）をそれぞれ加えるだけ。
分量の目安は、細かめのみじん切りにして、大さじ1くらい。
料理の下ごしらえや風味づけに、重宝します。

にんにく塩麹

しょうが塩麹

ネギ塩麹

柿酢

柿以外の材料をいっさい加えることなく、発酵のチカラだけでできる柿酢。柿の皮にもともとついている酵母が糖分をアルコールに分解し、さらに酢酸菌によって酢へと発酵します。

皮についている酵母が重要なので、仕込みの際は皮を洗わないこと。写真の柿酢は、絞って1年寝かせた2年ものです。

材料

熟した柿　4個

【仕込み】10分　【発酵・熟成】3カ月～1年

【保存】常温で2年

1

柿は表面にある酵母を流さないよう、水洗いはせず、皮の汚れがあればふきんなどでふく。

2

ヘタと汚れている部分を除く。

3

皮ごとざく切りにして、清潔な保存ビンに入れる。ゴミや虫が入らないように、フタをする。常温におく。

4

1カ月くらいは発酵に伴いガスが出るので、ときどきフタをあけて**ガス抜き**。写真は仕込みから2週間後。

5

はじめの1週間は毎日混ぜ、以降、月1～2回混ぜる。仕込み後約3カ月～1年、酢の香りがすれば、絞る目安。

6

ザルに上げて、つぶしながら濾す。

7

濾し袋などに入れて、さらに濾す。

8

2～3日おくと濁りが沈殿する。さらに1年ほどおいて熟成させると透明になり、味もまろやかになる。

市販のお酢を使って

果物や香味野菜を漬けるだけ。
飲んでもおいしい香味酢です。

ザクロ酢

材料
ザクロ　1個
酢　400mℓ
好みで砂糖　適量

保存　常温で6カ月

つくり方
❶ザクロは皮から実をはずす。
❷酢、好みで砂糖を混ぜてザクロを入れ、1週間以上常温でおく。1カ月後には濾す。

リンゴ酢

材料
リンゴ　1個
酢　400mℓ
好みで砂糖　適量

保存　常温で6カ月

つくり方
❶リンゴは皮ごとざく切りにする。汚い部分は取り除く。種はそのままでもOK。
❷酢、好みで砂糖を混ぜてリンゴを入れ、1週間以上常温でおく。1カ月後には濾す。紅玉を使うとピンク色に仕上がる。

にんにく黒酢

材料

にんにく　丸２個
黒酢　400㎖

|保存|　常温で６カ月

つくり方

❶にんにくは皮をむき、黒酢に漬け込み、常温でおく。ガスが出るので１～２日ごとにフタを開けてガス抜き。

❷２週間ほどしてガスが出なくなったら、冷蔵保存。１カ月後から使用できる。

ハーブビネガー

材料

ローズマリー・ローリエなど　適宜
酢　400㎖
赤唐辛子　１本
にんにく　１片
黒こしょう・ピンクペッパー　適宜

|保存|　常温で６カ月

つくり方

❶すべての材料を混ぜ合わせる。翌日から使える。2週間後には濾す。オイルと塩を混ぜてドレッシングなどに。

こだわり仕事

米麹をおこす

蒸した白米に麹菌をつけて約45～48時間、温湿度の管理をしてつくる米麹。しょうゆ麹（30ページ）とおこしかたは同様ですが、急激な温度上昇が少ないため、より手軽につくれます。保存は冷蔵で2～3日、冷凍で3カ月。自家製の米麹で、みそやみりん、塩麹づくりを。

材料　米　1kg／米麹用種麹　4g

道具　米袋／温度計（アナログ、デジタル）／加温器具（電気あんか、簡易カイロなど）

1

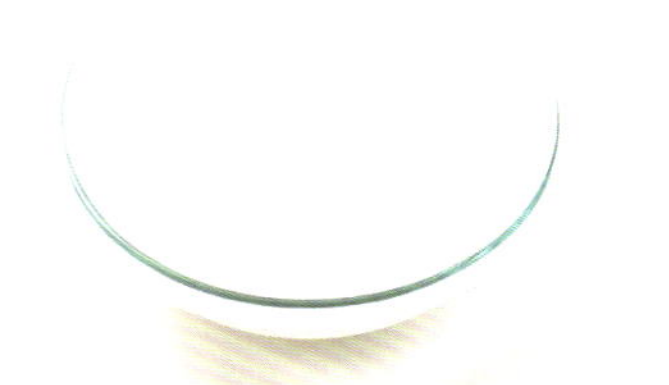

米はよく研いで洗い、水に浸けておく。夏は12時間、冬は24時間が目安。浸水が足りないと、よい麹にならない。

2

米をザルに上げ、1～2時間かけてしっかり水をきる。この作業が、米がベタつかずに上手につくれるポイント。

3

圧力鍋で40～60分、米を蒸す。蒸し器を使う場合は、たっぷり蒸気が上がった状態で80～120分蒸す。

4

20～30分経ったら、一度、米の蒸し具合をチェック。水が足りないときは足す。

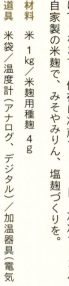

5

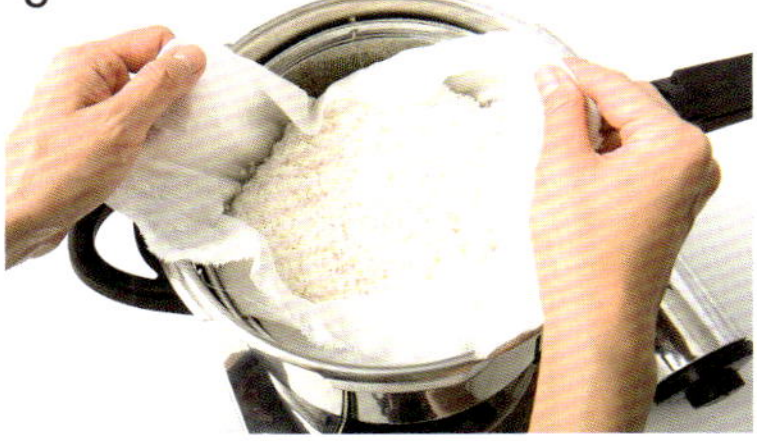

さらに20〜30分蒸し、蒸し上がったら、米の固さをチェック。固いときは、さらに蒸す。

6

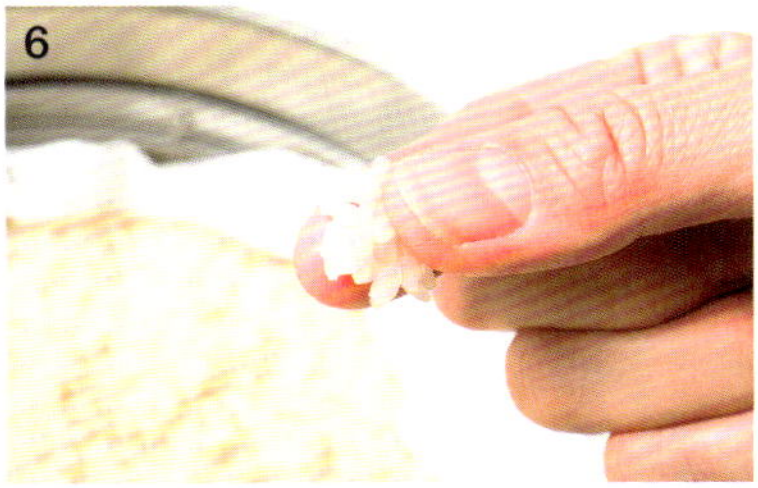

数回指でつまむとモチ状になるくらいの固さが、蒸し上がりの目安。

7

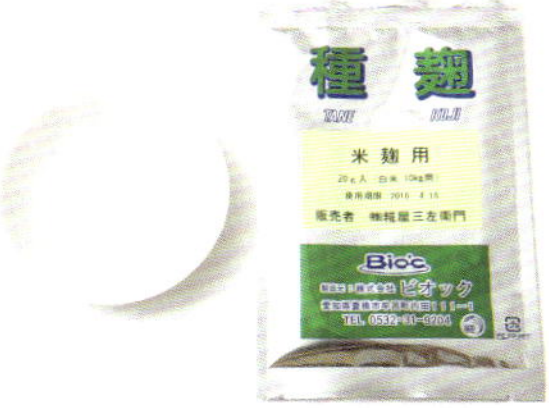

米麹用の種麹を用意する。はじめのうちは、規定量の倍の種麹を使うと、成功しやすい。

8

清潔なバットなどに6の米を広げ、しゃもじで混ぜて35〜40℃に冷まし、種麹を2〜3回に分けてまんべんなくかける。

9

米を両手でもむようにして、種麹とよく混ぜ合わせる。30℃以下にならないように手早く作業する。

10

米袋に9の種つけした米を入れる。ここでは米袋は10kg用を使用。

11

米を袋の中でひとかたまりにまとめ、袋を3つ折りにする。

12

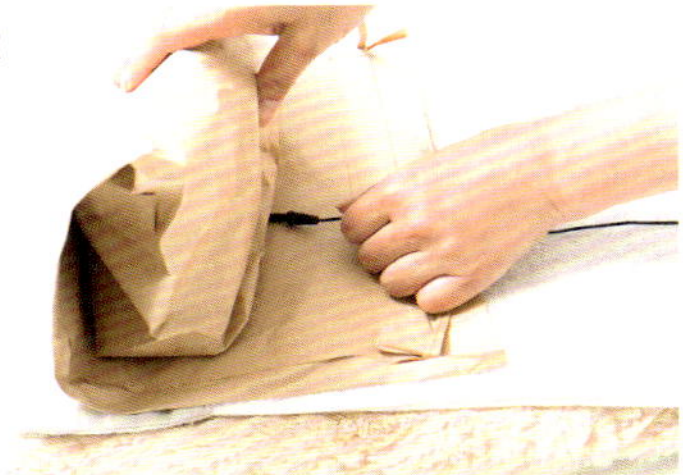

熱帯魚飼育用のデジタル温度計（P.35）を使う場合は、麹の下に温度計のセンサーをセットする。

13

A

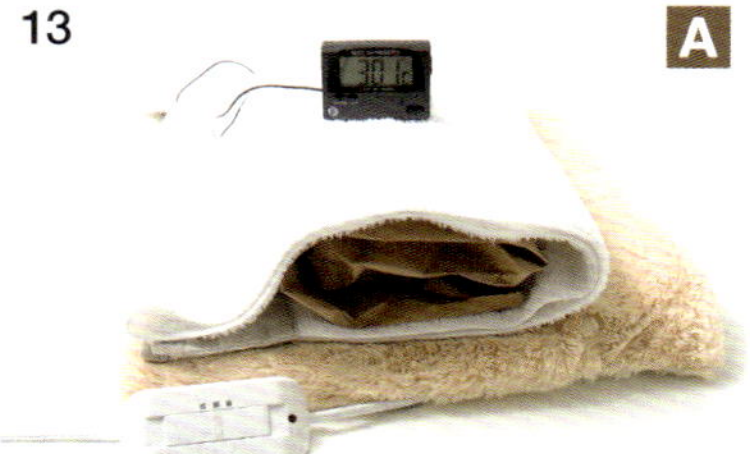

タオルなどで**12**を包み、加温器具で30〜35℃に管理。ここをAとする。40℃以上にならないように注意。

14

Aから約20〜24時間後、**一番手入れ。**麹を両手でまんべんなくほぐし、元通りにして加温。

15

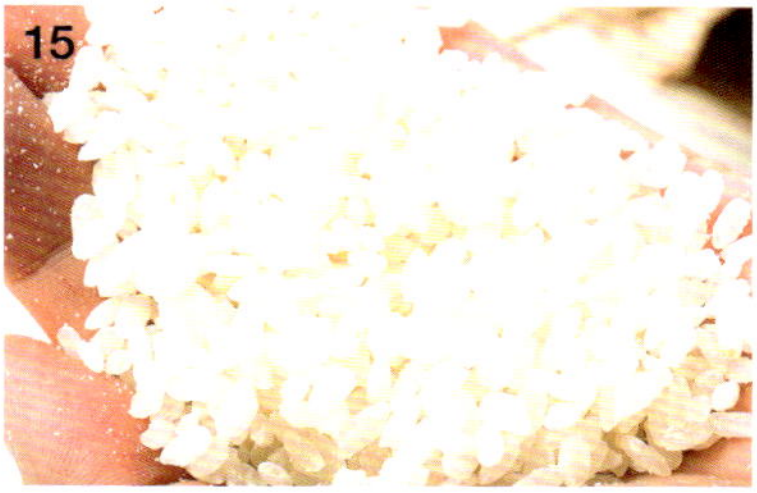

一番手入れの頃になると、麹菌がまわって、米が白くなりはじめている。

16

Aから約30〜36時間後（**14**から約12時間後）、**二番手入れ**。全体をほぐしてまた加温する。

17

16の二番手入れの頃から発酵熱が上がってくるので、米麹の厚さを薄くし、袋を半分にたたんで加温。

18

Aから約45〜48時間後、全体が白くなったらできあがり（**出麹**）。板状に固まっていれば、よくできたしるし。

19

できあがった米麹をよく見ると、白く花が咲いたようにふわふわになっている。72時間後くらいまでに完成すればよい。

memo

成功のポイントは、蒸す前の米を十分に浸水させた後、よく水をきり、米を適度な固さにしっかり蒸し上げること。途中の手入れのとき、米が乾燥しすぎているようなら、霧吹きで水分の補給を。また、二番手入れの後も、麹の温度が35℃以上になるときは、手入れを随時、行ってください。サーモスタット（P.35）を設置して温度管理ができれば、さらに簡単におこすことができます。

essay

発酵調味料と生活する！熟成の楽しみ

発酵調味料を自家製する作業は、「つくる」というより「育てる」という言葉がぴったりです。みそ、しょうゆ、みりん、酢など日本の定番調味料は、微生物のチカラを借りて発酵・熟成することで、おいしく、香り豊かになっていきます。微生物は、麹菌だったり、酵母だったり、酢酸菌だったりとバラエティ豊かですが、煮たり焼いたりという作業だけでは、決してできないことを、彼らは時間をかけてやってくれるのです。

時間が経過することで味わいが変化する発酵調味料は、発見と驚きがいっぱいで、そばにおいておくだけでも、わくわくします！

愛すべきやんちゃな麹

わが家では、米麹としょうゆ麹をよくおこしていますが、同じ麹仕事でも、両者は個性がまったく違います。

米麹はしとやかな箱入り娘という感じ。白くてふわふわした形状もまさにそのイメージ。そのうえしっかり者で、多少は放っておいてもちゃんと醸《かも》されます。

一方、しょうゆ麹は、やんちゃな暴れん坊という表現がぴったり。しっかり手間をかけてあげないと、冷たくなったり、熱くなったり。すねたり、グレたりしやすいしょうゆ麹は、ホントに手がかかるコです。私はよく麹仕事を「熱を出した赤ちゃんの世話のよう」と表現します。実際、しょうゆ教室に参加した生徒さんは、麹に名前をつける人が続出。「コージ」「カモジロー」「カモリーヌ」などなど。男性の生徒さんで「色っぽくもないが、手間だけはかかるワガママな彼女みたいだ」と言った方がいました。

ついつい世話をして、それだけ愛着がわいてしまう存在、それがしょうゆ麹です。

私は、本づくりの仕事の合間を縫って、調味料づくりを楽しんでいます。しょうゆ麹をおこすときは2日間の温度管理が必要ですが、昼間は仕事場に連れて行き、パソコンに向かって原稿を書いたり、資料本を読んだりしながら、麹を横に置いています。しかし、問題は夜。この2日は寝不足になる覚悟が必要です。ぐっすり熟睡してしまった日には、起きたら麹が高温になっていたり、逆に冷たかったりと、結局、後悔することに。

私は、麹をおなかにのせるか、手を麹の下に入れて寝ています。おなかの上なら、体温で加温できて経済的だし、体温より熱くなったら自然に目が覚めるので、一石二鳥。ただし、寝返りには要注意です！

麹を育てるときは、そばについていられる日を選んで醸しはじめるのですが、急な用事ができたりとなかなか予定通りにはいかないもの。外出しなければならないときは、簡易カイロと温度計をセットして、底面積が大きいバッグに入れて持ち歩いています。カイロをつけたりはずしたり、ときには電車の中で麹の袋を開けて空気を送ったり。周囲から見るとかなりあやしい人物ですが、家においてきて失敗するより百倍おすすめです。

先日など、クラシックの演奏会に行く予定を忘れていて、麹を連れてバッハの『マタイ受難曲』を聴くハメに。でも、ベートーベンの『田園』を聴かせて醸造したウイスキーがあるくらいなので、バッハを聴かせた麹は、さぞおいしくなるはず。この麹で仕込んだしょうゆは「マタイしょうゆ」とひそかに名づけてできあがりを楽しみにしています。

ちなみに、もろみは常温でおいていますが、絞ったしょうゆは加熱したもの以外は冷蔵して1カ月以内に使いきるようにしています。生のしょうゆを味わえるのも、自宅で醸しているからこそ。使うたびに少しずつ絞ることを私は「つど絞り」と呼んでいますが、まさに絞りたての味と香りです。仕込みの苦労が吹き飛ぶのは、こんなとき。

よく生徒さんに「たくさんの調味料をどうやって保存していますか？」「家中、調味料だらけなのでは？」と聞かれますが、まさにどの部屋も調味料だらけです！　寝室にもみそ容器が進出していて、香ばしい香りに包まれて夫婦で眠っています。マンション生活なので仕方がありませんが、「みそ蔵があったらな～」と夢見る毎日です。

chapter 2

旬を楽しむ
季節の調味料

山椒

山椒は葉（新芽）、花、青い実、熟した実のいずれも利用できますが、どれも旬が短いので、毎年、ドキドキしながら旬をつかまえて仕込んでいます。

ミカン科の落葉樹で、雌雄異株。実がなるのは雌木のみです。しびれるような辛味成分はサンショオールと呼ばれ、食欲増進や抗菌作用があるそう。

意外に知られていないのですが、山椒の実で辛いのは外側の皮の部分。中の実は辛くありません。粉山椒を仕込むときは、中の黒い種は捨て、外側の皮だけを乾燥させて使います。初夏の頃の青い実でつくる粉山椒と、秋になって赤く熟し、パチンとはじけた実でつくる粉山椒は香りが違うので、どちらも入手できるなら、ぜひ両方試してみてください。

山椒の木はコンテナでも育てやすく、うちはベランダに2鉢あります。実はまだなりませんが新芽を使えるので、つみたてならではの香りを楽しんでいます。

木の芽ソース

やわらかい新芽を使った早春のソース。
香り高くコクがあり、鶏や白身魚に合います。
タケノコ和えやキノコ炒め、パスタにも。

材料

山椒の新芽（木の芽）　25ｇ
クルミ　大さじ１
にんにく　１片
オリーブオイル　50〜75㎖
塩　小さじ1/2〜１

保存　冷蔵で１週間／冷凍で３カ月

つくり方

❶山椒の葉は洗って水気をふき、軸から葉っぱを１枚ずつはずす（a）。
❷❶をさっとゆでて冷水にとり、水気を絞り（b）、みじん切りにする（c）。
❸にんにくは皮をむき、縦半分に切って芽を取り除き、みじん切りにする。
❹❷❸とクルミをすり鉢に入れ、なめらかになるまで、する（d）。オリーブオイルと塩を加えてさらにする。
❺味をみて、好みの分量の塩を足して味をととのえる。

a

b

c

d

memo
山椒の葉は成長すると固くなってしまうので、葉がまだやわらかい新芽のうちだけの、期間限定ソースです。山椒をバジルにするとジェノベーゼソースになります。クルミを松の実にかえても。

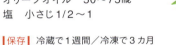

山椒の実ソース

ピリッとした辛味と清涼感が広がる
ごちそうソース。
旨味したたるステーキ肉や魚介のグリル、
ローストビーフに、相性抜群です。

材料

山椒の実　25g
にんにく　1片
サラダ油　30 ～ 50㎖
塩　小さじ1/2～1

保存　冷蔵で1週間／冷凍で3カ月

つくり方

❶ 山椒の実は1粒ずつ軸からはずし、たっぷりの湯で10分ほどゆでる（a）。
❷ 水にさらして10時間以上おき、辛味とアクを抜く（b）。途中で水を2 ～ 3回交換するとよい。
❸ 実に残っている軸をひとつずつ取る。
❹ にんにくは皮をむき、縦半分に切って芽を取り除き、みじん切りにする。
❺ ❸の山椒の実をすり鉢でなめらかにすり（c）、❹のにんにく、塩、サラダ油も加えてさらに、する。
❻ 味をみて、塩が足りないようなら加える。

a

b

c

memo

1粒1粒実から軸を取り除く作業は面倒ですが、根気よくていねいに、がおいしさのコツ。実が熟しすぎて種が黒くなってしまっていると、固くて口に残るので、種もできるだけ取り除きましょう。

粉山椒

乾燥させた実山椒の皮の部分を、粉に。
すりたての芳ばしい香りは、自家製ならでは。
甘辛味やシンプルな塩味料理を引き締めます。

材料

山椒の実　適量

保存　冷蔵で１週間／冷凍で３カ月

つくり方

1. 山椒の実は、枝ごと採ってひと晩干す。
2. 皮がはじけたら（a）、中の黒い種と軸を取り除く（b）。
3. 皮の部分だけをさらに干す。からからに乾燥させたら保存する。
4. 使う分だけの量を、すり鉢でする（c）。
5. 茶こしなどでふるうと口当たりよい細かい粉になる（d）。

a

b

c

d

memo

初夏の緑色の山椒の実を乾燥させたものは、さわやかな辛さ。秋の赤や茶色に熟した実を乾燥させると、色や香りが一層深くなります。

そら豆

そら豆の旬は4～6月頃。露地物は、5～6月に出回ります。ハウス栽培のものにくらべて、おいしさはやはり、ひと味もふた味も違います。サヤを割ると平べったい豆がふかふかの白い布団に並んでいて、なんともかわいい豆です。

このかわいい豆から、あの辛い豆板醤《とうばんじゃん》ができると知ったときは、新鮮な驚きでした。

豆板醤は中国の四川省がルーツの発酵調味料です。市販のものは私には辛すぎて、冷蔵庫の片隅で居残り組になりがちでした。でも、自家製で辛さを調節できるようになってからは、ちょくちょく登場する調味料に。中国では干したそら豆を使うようですが、私は入手しやすい生豆でつくります。仕込んで1カ月後から使えますが、1年以上おくと、より深い味わいに。

わが家では、そら豆のほかに、枝豆やグリーンピース、大豆で仕込んだ豆板醤もスタンバイ。香りが異なる4種の自家製豆板醤が中国料理の隠し味に活躍しています。

豆《とう》板《ばん》醤《じゃん》

発酵由来の複雑な香り。
唐辛子の種類や量によって、
辛さも自分好みに。
自家製豆板醤でつくる麻婆豆腐は絶品です！

材料　100mℓビン１個分
そら豆　75g（サヤつきで250g）
韓国唐辛子（粉末）　5g（赤唐辛子なら５～６本分）
米麹　8g
塩　10g

保存　常温で１～２年。使いはじめたら冷蔵庫へ

つくり方

❶そら豆はサヤから取り出し、薄皮ごとやわらかくなるまで５分ほどゆで、ザルに上げて水気をきる。
❷薄皮を取り除き、豆をフォークなどですりつぶす（a）。
❸丸ごとの赤唐辛子を使う場合は、種を取り除き、細かく砕いておく。
❹米麹と塩を混ぜ（b）❷と❸を加えてよく混ぜる（c）。手で混ぜる場合は必ずビニール手袋をつけること。
❺清潔なビンに❹を空気が入らないようにみっちり詰め、表面にぴったりラップをする。ラップで包んだ塩で軽く重しをするとよい（d）。１カ月以上常温で発酵させる。１年以上おくと味に深みが増す。

＊発酵期間中にカビが出たら取り除き、焼酎で湿らせたキッチンペーパーで容器の内側を拭く。

a

b

c

d

memo
豆板醤を使う際は、低温の油でじっくり炒めて香りを出し、焦がさないことがおいしさのコツ。ほかの醤（P.108）と組み合わせて使うと、さらに味に深みが出ます。

梅

毎年、梅の季節になるとうきうきします。今年はなにをつくろうか、と考えるのも楽しいもの。青梅も黄梅もそれぞれの味わいで、同じ調味料でも両方つくってみると、その違いにびっくりします。

梅干しはいろいろな調味料にアレンジできるので、毎年、どかんと仕込みます。そのまま食べる梅干しは、すっぱいのが苦手なダンナのために小梅で仕込んだり、ぽってり梅漬けにして、調味料用には18％の塩分でしょっぱく漬けるのが、うちのスタイル。

梅のすっぱさの元はクエン酸で、疲労回復や食欲増進、殺菌作用など、古くから万病に効く健康食品として、さまざまに加工して食べられてきました。

品種は南高梅や白加賀、豊後などがありますが、どの品種を使ってもＯＫ。旬は5月下旬から6月。仕込みもれがないように、梅仕事の予定をスケジュールにしっかり入れておくのがおすすめです！

青梅しょうゆ

冷奴やお刺身、そうめんつゆに。
昆布だしの効いた爽やか万能しょうゆです。
漬けた実は、お茶うけや料理の隠し味に。

材料　できあがり600㎖ビン１個分
青梅　200ｇ
しょうゆ　250㎖
みりん　大さじ２
昆布　5㎝角を２枚

保存　冷蔵で約６カ月

つくり方

❶青梅はよく洗い、たっぷりの水に２～３時間さらしアク抜きする（a）。竹串などでヘタを取り（b）、ふきんで水気をていねいにふく。
❷みりんは小鍋に入れて加熱し、半量になるまで煮詰めて冷ましておく。
❸仕込み容器に❶を入れ（c）、❷を加え、しょうゆを注ぎ、昆布を入れる（d）。梅がしょうゆから出ないように、ときどきビンを揺する。
❹１日１回、フタをあけて**ガス抜き**する。１週間で昆布を取り除く。さらに２週間で完成。
❺梅は取り出して密閉容器などに入れ、梅しょうゆはビンなどに入れて、それぞれ冷蔵保存。

memo
梅は酸性が強いため、仕込み容器はガラスやホーローを選ぶこと。熟成中にガスが出るので、フタを密閉している場合は❹のようにときどきガス抜きを。カビが出やすいので仕込み中も冷蔵庫へ。

a

b

c

d

青梅酢

シャッキリした酸味は、
ドレッシングや和え物、餃子だれ、
何にでも使えます。梅の実は刻んで薬味に。

材料
青梅　1㎏
塩　120g（梅の12％）
焼酎（35度）　100㎖

保存　冷蔵で1年

つくり方

❶青梅は洗ってアク抜きのため2～3時間水にさらし、ヘタを取り、ふきんで水気をふく。（P.61❶参照）
❷梅はエキスが出やすいように半分に割る。すじに沿ってぐるりと包丁で切れ目を入れ（a）、上から木ベラで押しながら体重をかける（b）と、割りやすい。
❸容器に梅と塩を入れ（c）、全体にまんべんなく塩がいきわたるようにしたら、焼酎を回しかける。
❹表面にホコリよけのラップをして、押しブタまたは皿をのせ、梅の倍量の重さの重しをする（d）。
❺翌日、上下を入れかえるように全体を混ぜ、同じように重しをかける。塩が溶けていないときは、混ぜて溶かしておく。
❻2～3日で梅酢が上がってきたら、ジッパーつきビニール袋に梅酢と梅を入れ、空気を抜いてぴっちり封をして冷蔵庫へ。1日1回梅酢を回すように全体をふり、さらに数日おいて梅酢をしっかり出す。
❼仕込みから約10日後、梅酢はビンなどに入れ、塩漬け梅は密閉容器に入れる。両方とも冷蔵保存。

a

b

c

d

梅みそ

梅の酸味で、酢みそのような味わいに。
魚介類と和えたり、みそ煮にしたり、
田楽だれや鍋のたれにも。

材料　できあがり600mℓビン１個分

青梅　200ｇ
みそ　200ｇ（梅と同量）
砂糖　50～100ｇ（好みで加減）

保存　冷蔵で約１年

つくり方

❶青梅は洗って２～３時間水にさらしてアク抜きし、ヘタを取り、ふきんで水気をふいておく（P.61❶参照）。

❷容器にみそと砂糖を入れ、よく混ぜる。

❸梅からエキスが出やすいようにフォークで穴を数カ所あけ（a）、❷に梅を埋めるようにして、すべて入れる（b）。フタをして常温でおく。徐々に梅からエキスが出てくるので1～２日に１回フタをあけて、混ぜる。

❹２～３週間ほどすると梅からしっかりエキスが出て、みそがとろりとする。その状態になったら、鍋に梅みそを入れ、青梅は種を取り除いて実を刻んで（c）加え、弱めの中火で煮詰める。木ベラで混ぜながら焦げないように加熱（d）。やわらかめのみそくらいの固さになるまで煮詰める。

a

b

c

d

memo
青梅のかわりに黄梅でもできます。黄梅を使うと香り豊かな仕上がりに。みそは辛口みそがおすすめですが、好みで合わせみそや白みそでつくってもよいでしょう。

梅干し

ふくよかな香りの黄梅に
赤じその色香、塩のミネラル、
たっぷりの太陽。
長期保存できる梅干し&梅酢は、
さまざまな調味料に
活用できます。

材料

梅2kg分

【梅の塩漬け】

黄梅　2kg
塩　360g（梅の18%）
焼酎（35度）　50㎖

【赤ジソ漬け】

赤ジソ（葉のみ）　400〜500g
塩　60〜75g（赤ジソの15%）

道具

漬け込み容器（8ℓ以上）
押しブタ
重し（梅の重さの倍量4kg・7ページ参照）

【仕込み時期】

梅の塩漬け　6月頃
赤ジソ漬け　梅の塩漬け後2週間以降
土用干し　7月下旬以降

【熟成】 2カ月以上

【保存】 常温で1年以上

1

黄梅は水にひと晩（７～８時間）さらしてアク抜きをし、ヘタを竹串で取り、ふきんなどで水気をしっかりふく。

2

漬け込み容器に焼酎を入れて回し、除菌する。すすいだ焼酎は別に取っておき3で使う。容器の底に塩をひとつかみふる。

3

梅は１個ずつ焼酎に浸し、次に塩をまぶして、容器に入れる。同様にして焼酎、塩にまぶした梅を隙間なく並べ入れる。

4

１段きっちり詰めたら、上から塩をまんべんなくふる。同様に梅、塩、梅と交互に重ね、最後に残った塩を全体にふる。

5

押しブタをし、梅の倍の重さ（4kg）の重しをのせ、ほこりよけにビニール袋などをかぶせて冷暗所に置く。

6

透明な梅酢（白梅酢）が上がってくるので、１日１回、容器を回すように揺すって、梅酢を全体にいきわたらせる。

- １週間ほどで上まで梅酢が上がる。上がってこないときは、梅を混ぜて上下を入れ替え、さらに重しを追加する。
- 梅酢から梅が出ているとカビが出やすいので、7以降も１日１回容器を揺すり、梅酢を回す。
- 梅酢にカビが出たら、そっと取り除く。梅にカビが出たら、梅を焼酎でゆすぎ、戻す。全体にカビが出たら、梅を出して焼酎でゆすぎ、梅酢は煮沸して冷まし、清潔な容器に元通りに漬ける。

7

梅酢が上がったら梅が浸る程度の梅酢を残し、余分は別に保存。重しを半分の２kgに減らし、さらに１週間以上漬ける。

8

赤ジソは葉をつんで水洗いする。両手でしっかり洗って汚れをとり、水気をきる。ザルなどに広げ1時間ほど干すとよい。

9

ボウルに8と塩半量を入れ、ビニール手袋をつけ力強くもみこむ。あぶくのようなアク汁が出たらぎゅっと絞って捨てる。

10

残りの塩で同様の作業を繰り返す。ぎゅうぎゅうもみこんでしっかりアク汁を出し、きつく絞って捨てる。

11

7の塩漬け梅の容器から白梅酢を約200㎖取り、赤ジソにかけてもむ。瞬間、赤ジソも梅酢もぱっと鮮やかな赤にかわる。

12

11すべてを塩漬け梅に戻し、容器を回して全体に梅酢をいきわたらせる。押しブタに浮かない程度の重しをのせフタをする。

13

梅雨明け後、盆ザルなどに梅を重ならないよう並べて陽にあてる。赤ジソは広げ、赤梅酢はビンに入れて干す。

土用干しのポイント

12の赤ジソ漬けを梅雨明けまで冷暗所においておくと、梅が赤く染まります。7月下旬の晴天が続く頃に、天日干し。「土用の頃に3日3晩」が基本で、梅もシソもまんべんなく陽があたるよう、1日1回以上ひっくり返しながら干し上げるのがコツです。干し方や干し加減は好みで、いろいろ試してみてください。

- 3日3晩屋外に干しっぱなしにすると、夜露にあたってしっとり仕上がります。
- 1日1回梅酢に戻して、また干すと、色が赤く仕上がります。
- 夜は室内に取り込んだり、晴天が続かなければ1〜2日で干し終えてもOKです。
- 干し上がった梅と赤ジソは、ビンなどに入れて保存。赤梅酢は料理に活用します（70〜71ページ）。梅を赤梅酢に漬けて保存すると、しっとりやわらかい梅干しになります。

簡単にできる梅漬け

干す手間いらずで、カビも出にくい、黄梅でつくる簡単レシピ。
塩分控えめ、すっぱさほどほど、まろやかなおいしさです。梅酢もまろやか。

ぽってり梅漬けと梅酢

材料　梅1kg分
黄梅　1kg
塩　100g（梅の10％）
氷砂糖　100g（梅の10％）
砂糖　50g（梅の5％）
リンゴ酢　300mℓ
焼酎（35度）　50mℓ

道具
漬け込み容器（4ℓ以上）
押しブタ
重し（梅の重さと同量1kg）

|熟成|　1カ月以上　|保存|　常温で1年

つくり方
❶梅は洗って8時間ほど水にさらしてアク抜きし、ヘタを取り、水気をふいておく。
❷容器に梅とほかの材料をすべて入れる（a）。
❸押しブタをし、梅と同量程度の重しをのせる（b）。
❹翌日には梅全体が浸かるくらいの梅酢が上がるので、1日1回、容器を回すように揺すって、全体をなじませる。1カ月後くらいから食べられる。

＊常温で保存できますが、冷蔵したほうが風味を保てます。1年を目安に食べ切るのがおすすめ。食べた後の梅酢は、料理などに使ってください。

a

b

煎《い》り酒《ざけ》

江戸時代から伝わる
梅干しを活用した調味料。
白身の刺身はしょうゆで汚さず、
黄金色の煎り酒で粋に食す。
色も味わいも上品です。

材料　できあがり約80㎖分
塩分18～20%の梅干し　2個
日本酒　200㎖
塩　小さじ1/4
昆布　5㎝角
かつお節　5g

保存　冷蔵で1週間

つくり方

❶鍋に日本酒と昆布を入れ、ひと晩おく。
❷❶に梅干しを軽くほぐして入れ（a）、中火にかける。昆布は沸騰直前に取り出す（b）。
❸アルコールを飛ばしながら、半量になるまで中火で煮詰める。途中、発火することがあるが、アルコール分がなくなると自然に消火するので、あわてないこと。
❹半量になったら、ふきんなどで濾し（c）、鍋に戻す。
❺かつお節を加え、ごく弱火で2～3分煮詰め（d）、もう一度濾し、鍋に戻す。塩で味をととのえて完成。

a

b

c
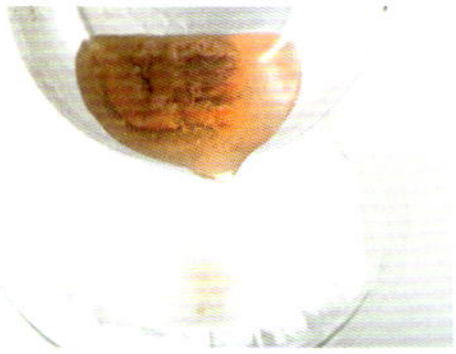

d

さっぱり和風サラダに

梅ドレッシング

材料

梅干し　5個
サラダ油　50mℓ
リンゴ酢　30mℓ
砂糖　小さじ1/2
薄口しょうゆ　小さじ1/2
だし汁　小さじ1
白ゴマ　小さじ1/2

保存　冷蔵で1週間

つくり方

❶梅干しは種を取り除き、包丁でたたく。ゴマは切りゴマにする。
❷材料をすべてよく混ぜ合わせる。

夏の万能調味料

梅ソース

材料

梅干し　5個
酒　大さじ2
みりん　大さじ2
砂糖　小さじ1/2
薄口しょうゆ　小さじ1

保存　冷蔵で1カ月

つくり方

❶梅干しは種を取り除き、包丁でたたく。
❷すべての材料を小鍋に入れて弱火にかけ、混ぜながら好みの固さに練り上げる。

梅きゅうや、煮物に

練り梅（梅びしお）

材料

梅干し　5個
砂糖　大さじ1
みりん　小さじ1

保存　冷蔵で1年

つくり方

❶梅干しは数時間、水に浸け、軽く塩味がする程度に塩抜きする。
❷❶の種を取り除き、包丁でたたき、裏濾しする。
❸小鍋に❷と砂糖、みりんを入れ、焦げないよう木ベラで混ぜながら、弱火で練る。みそと同じくらいの固さになったら火をとめる。

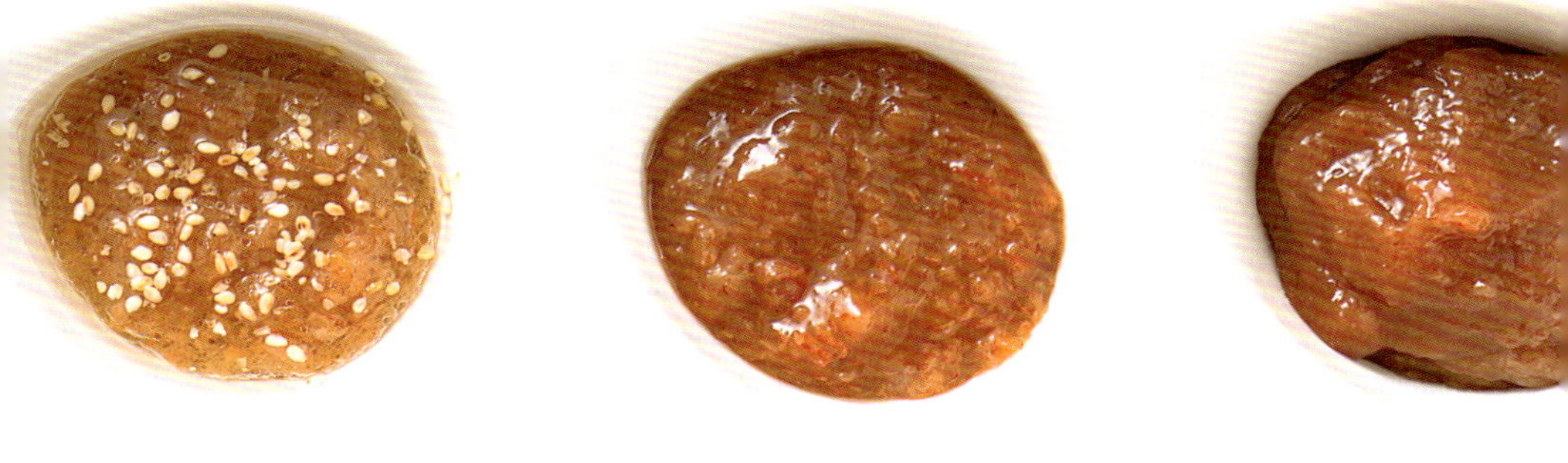

column

梅のこと

梅干しという知恵

梅は、いろいろに加工して楽しめる素材です。なかでも、昔から日本人が好んで食べつづけてきた梅干しは、梅仕事の定番。長期保存のための知恵と工夫が詰まっています。

塩漬けは、梅の旨味を引き出し、保存するのに最適な手法。そこに、殺菌作用の強い赤ジソを加え、さらに天日に干すことで、旨味も保存性もアップするのです。天日干し後はすぐに食べられますが、1年、2年経って、よりまろやかになる味わいも、自家製ならではの楽しみです。

手間がかかる梅干しづくりですが、その過程で、うれしいごほうびも、たくさん。

塩漬け後1週間ほどで上がる白梅酢は、有機酸豊富で殺菌効果もあり、夏の元気の素。酢の物や和え物はもちろん、炒め物や煮物にひとさじ加えれば料理の味が引き立ちます。

白梅酢に塩もみした赤ジソを加えた赤梅酢は、色鮮やかで、紅しょうがや根菜の酢漬けに活用できます。赤ジソはさらに干して、ふりかけに。

梅干しは塩分18〜20％で漬けるのが昔ながらの基本ですが、私にはしょっぱすぎて実は苦手でした。そこで試行錯誤の結果できたのが、67ページの「ぽってり梅漬け」のレシピです。氷砂糖で甘味を出しているのでとても食べやすく、焼酎を入れるのでカビ知らず。干す手間もいりません。

赤梅酢　白梅酢

梅の楽しみ

梅干しの副産物は余すところなく活用しましょう。梅や赤ジソの甘ずっぱいレシピもご紹介！

ほんのり自然色

紅しょうが

材料

しょうが　150g
赤梅酢　50～100mℓ

保存　冷蔵で6カ月

つくり方

❶しょうがは皮をむき、好みの太さに千切りにする。
❷❶を保存容器に入れ、赤梅酢をひたひたになるまで注いで漬ける。1週間後から食べられる。塩気がきつい場合は、好みで酢を加えるとよい。

揚げ物などのつけ塩に

梅塩

材料

赤梅酢　100mℓ

保存　常温で１年

つくり方

❶鍋に赤梅酢を入れ、中火にかける。
❷焦げないように混ぜながら、水分を飛ばしていく。
❸ほぼ水分がなくなったら火をとめ、バットなどに広げて干す。
❹しっかり乾燥したら、塩をぱらぱらになるようほぐす。ビンなどに入れ、常温保存。

＊焦げやすいので、水分が減ってきたら弱火にすること。

梅エキスたっぷり“ゆかり”風

赤ジソふりかけ

材料

土用干しの赤ジソ
塩　適宜

保存　常温で１年

つくり方

❶梅干し用に土用干しした赤ジソは、さらに干してパリパリにする。
❷❶をフードプロセッサーにかけるか、すり鉢ですって細かくする。
❸味をみて、好みで塩を足す。

column

梅仕事いろいろ

　梅干しや梅を使った調味料はもちろん、梅酒や梅シロップ、梅ジャムなども、この季節の楽しみです。小梅、青梅、黄梅と、どれも個性豊かな味わい。あれもこれもと、毎年わくわくしながら梅仕事をしています。

　大好きな梅シロップ用にと、うちでは梅割り器がスタンバイ。梅の実を割って仕込むとシロップがすぐ上がるので、大量につくるときに便利なのです。1年に1回しか使わない道具をいそいそと出してくるのは、とても贅沢な気分です。

赤ジソシロップも美味！

　梅仕事に付随するものに、赤ジソ仕事があります。赤ジソも出回る時期が限られているので、旬をつかまえて仕込まなければなりません。

　うちでは、梅干しに漬け込んだ後は、大量の赤ジソシロップをつくります。夏の暑さに疲れたカラダに、この赤ジソシロップがホントに効くのです。73ページのつくり方のほかにも、おすすめのレシピがあるので紹介します。

　ひとつは、クエン酸のかわりにレモン汁200㎖、上白糖のかわりにハチミツ500gに。やさしい味わいになります。

　もうひとつは、クエン酸のかわりに酢を150㎖に。夏バテにぴったりのおいしさです。

甘ずっぱい 梅ジャム

材料　できあがり約250g分
青梅または黄梅　500g
グラニュー糖　200〜250g（梅の40〜50%）

保存　冷蔵で1カ月

つくり方

❶梅は洗ってヘタを取る。鍋に梅とたっぷりの水を入れて火にかけ、沸騰したらザルに上げる。同じ作業を3回行う。さらに30分ほど水にさらしてアク抜きする。

❷梅の水気をきり、手で種を取り除き、鍋に入れる。

❸❷に砂糖を加えて鍋を中火にかけ、木ベラで混ぜながら加熱。アクが出たらていねいに取り除く。梅はペクチンが多く、冷えると固まるので、ゆるいくらいの固さで火をとめる。

やさしい味わいの

梅シロップ

材料　梅1kg分
青梅または黄梅　1kg
砂糖　1kg

保存　冷蔵で3カ月

つくり方

❶梅は洗って8時間ほど水にさらし、アクを抜く。ヘタを取り水気をふいておく。ひと晩冷凍しておくとエキスが出やすい。そのまま使う場合は、フォークで穴を開けるとよい（P.63のa参照）。
❷保存ビンに梅と砂糖を交互にみっちり入れ、1日1回、よく混ぜる。砂糖が溶けない場合は、しっかり混ぜて1～2日中に溶かす。
❸2～3日でシロップが上がってくる。1週間ほどで完成。シロップを梅と分け、ペットボトルなどに入れて冷蔵保存。

＊漬けた後の梅は、種を取り除き、砂糖を適量加えて梅ジャムに。

夏の暑さに負けない！

赤ジソシロップ

材料　できあがり1.5ℓ分
赤ジソ　1束（葉のみで約250g）
水　1.5ℓ
クエン酸　30g
上白糖　360g

保存　冷蔵で1年

つくり方

❶鍋に水を入れて沸かし、水洗いした赤ジソ（P.66の8参照）を入れ、4～5分煮出す。湯に色と香りが出たらザルで葉を濾す。
❷❶の赤ジソ液に、クエン酸と砂糖を加えて混ぜ、溶けたら冷ます。ビンなどに入れて冷蔵保存。

トマト

真っ赤なトマトはポリフェノールの仲間のリコピンが豊富で、抗酸化作用に優れています。ビタミンCやカロテンも多く、健康野菜の代表選手。

ハウス栽培が盛んなので1年中、出回りますが、露地物の旬はずばり夏。太陽の恵みをたっぷり浴びた旬の露地トマトは、味も香りも最高！　価格も安価で大量に出回るので、ぜひ夏にケチャップをまとめて仕込んでください。

日本では桃太郎を代表としたピンク系の生食用品種が主流でしたが、最近は赤系や加工用品種も見られるようになりました。加工用が入手できないときは生食用でも仕込めますが、真っ赤ではなく、落ち着いた色に仕上がります。

市民農園の私の畑でも、夏にどっさりトマトが収穫できます。畑で完熟させたトマトの味は格別！　サラダではとても食べきれないので、せっせと調味料に加工して、長く楽しんでいます。

トマトケチャップ

トマトの酸味と甘味をぎゅっと濃縮。
スパイスを効かせた大人のケチャップです。

材料　できあがり約500g分

A 野菜・果物
- トマト　中5～6個（約1kg）
- タマネギ　1/2個
- にんにく　1片
- リンゴ　1/4個

C 調味料
- 砂糖　大さじ1/2
- 塩　小さじ2
- こしょう　少々
- 酢　大さじ4

B スパイス（好みでブレンド）
- ローリエ　1枚
- クローブ　少々
- シナモン　少々
- セージ　少々
- 一味唐辛子　小さじ1/8～1/4（または赤唐辛子　1本）

保存　冷蔵で2週間／冷凍で3カ月

つくり方

❶トマトは湯むき、あるいは直火であぶって（a）冷水にとり、皮をむいて（b）ざく切りにする。にんにく、タマネギ、リンゴも、皮をむいてざく切りに。

❷❶をミキサーにかけ、粗めのザルで濾す（c）。鍋に入れて、中火にかける。焦げないように混ぜながら、半量になるまで煮詰める。

❸Bのスパイスを加え（d）、さらに10分ほど煮詰める。

❹Cの調味料を加え、好みの固さに煮詰める。仕上げに味をみて、塩と酢（分量外）で好みの味にととのえる。

a

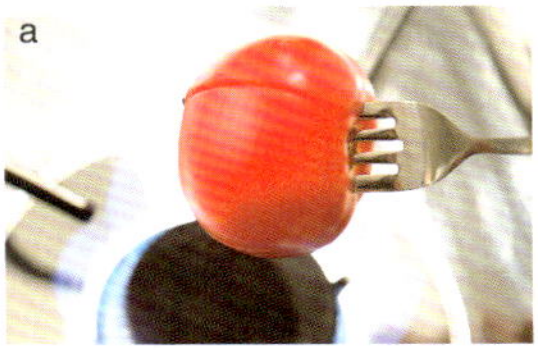

b

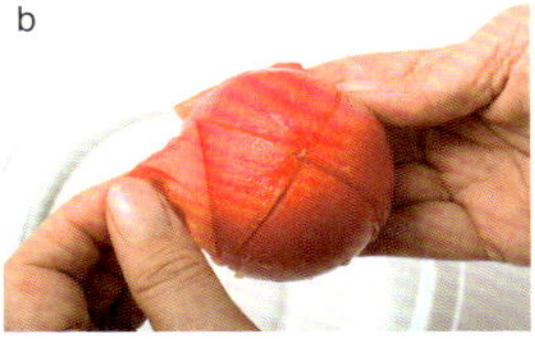

c

d

オードブルやお肉の煮込み料理にも

甘トマト

材料

トマト　中1～2個（250g）
砂糖　75g（トマトの30％）
レモン汁　小さじ1

保存　冷蔵で2週間／冷凍で3カ月

つくり方

❶トマトは皮をむいてヘタを取り、小さめのざく切りにして鍋に入れる。分量の砂糖を入れて混ぜ、10分ほどおいて、トマトから水分を出させる。
❷鍋を強めの中火にかけ、アクを取りながら、焦げないように混ぜる。半量以下になり、とろりとするまで煮詰める。
❸仕上げにレモン汁を加える。味をみて、足りないときは砂糖を加えるとよい。

料理の隠し味に大活躍

塩トマト

材料

トマト　中1～2個（250g）
塩　25g（トマトの10％）
砂糖　12g（トマトの5％）
にんにく　1片
オリーブオイル　小さじ1

保存　冷蔵で2週間

つくり方

❶トマトはヘタを取り、ざく切りに。にんにくはみじん切りにする。
❷材料をすべて混ぜてビンに詰め、冷蔵庫に入れて味を落ち着かせる。翌日から使える。

絶品ピザトーストを！

ピザソース

材料

トマト　中２～３個（約500ｇ）
タマネギ　中1/2個
ピーマン　１個
にんにく　１片
塩　小さじ１と1/2
こしょう　少々
酢　小さじ１
ローリエ　１枚
オレガノ（またはバジル）　少々
オリーブオイル　大さじ1/2

保存 冷蔵で１週間／冷凍で３カ月

つくり方

❶トマトは皮をむいてヘタを取り、ざく切りにする。タマネギ、ピーマン、にんにくはみじん切りに。
❷鍋にオリーブオイルを入れ、にんにくとタマネギを炒める。タマネギが透きとおってきたら、ピーマンとトマトを加える。
❸ローリエ、オレガノを加え、混ぜながら、とろみがつくまで煮詰める。仕上げに酢を加え、塩こしょうで味をととのえる。

ドレッシングに、チップスに

サルサソース

材料

トマト　中１～２個（250ｇ）
タマネギ　中1/8個（みじん切りで大さじ１）
青唐辛子（あればハラペーニョ）　１本
にんにく　１片
パクチー（またはパセリ）　小さじ１
レモン汁（または酢）　大さじ1/2
塩　小さじ１と1/2
オリーブオイル　大さじ１
トマトケチャップ　大さじ１

保存 冷蔵で１週間

つくり方

❶トマトをざく切りにする。タマネギはみじん切りにしてから水にさらし、絞っておく。
❷青唐辛子、にんにく、パクチーをみじん切りにする。青唐辛子は種類によって辛さが異なるので、量を調節。青唐辛子のかわりにピーマン1/2個＋タバスコ少々でもよい。
❸すべての材料を混ぜ、塩で味をととのえる。

中濃ソース

こんなにもたくさんの素材！
渾然一体となった旨味と香りは、
何にでもかけたい、クセになる味。
自慢のmyソースです。

材料　できあがり約1.6ℓ分

A 野菜・キノコ類
- トマト　中5～6個（約1kg）
- セロリ　2本（約300g）
- ニンジン　中2本（約300g）
- 舞茸（またはシイタケ）　1パック

B 果物
- リンゴ　2個
- 柑橘類（夏ミカン、ハッサクなど）　1個
- ドライフルーツ（アンズ、イチジク、ブドウ、柿、プルーン、ディーツなど）またはジャム　計約70g

C タマネギ・香味野菜
- タマネギ（薄切り）大2個（約360～400g）
- にんにく（みじん切り）　大さじ2
- しょうが（みじん切り）　大さじ2

D だし
- 煮干し　大5～10尾
- 昆布　10cm角

サラダ油　大さじ1
水　2ℓ

E スパイス（好みでブレンド）
- シナモン　2本（パウダーの場合は小さじ1）
- ローリエ　2枚
- フェンネル　小さじ1
- クミン　小さじ1
- ローズマリー　小さじ1
（またはタイム、セージ）
- クローブ　5～10粒
- カルダモン　4～6粒（中の粒を出しておく）
- ナツメグ　小さじ1
- 黒こしょう　小さじ1
- 一味唐辛子　小さじ1/2（赤唐辛子なら1本）

F 調味料
- しょうゆ　200mℓ
- 米酢　200mℓ
- 赤ワイン　60mℓ
- 塩　100g
- 砂糖　100～200g（味をみて加減する）

保存　冷蔵で6カ月

1

材料 A の野菜は、大きめのざく切りにする（トマトはヘタを除き、ニンジンは皮をむく）。B のリンゴは皮と芯を除いて適当な大きさに切る。柑橘類は薄皮もむく。

2

E のスパイスは、固形のものはフライパンで乾煎りして香りを出し、フードプロセッサーにかけるかすり鉢ですり、パウダー状のものと合わせておく。

3

フライパンにサラダ油を引き、薄切りにしたタマネギを中火で炒める。少し色づきはじめたら、にんにくとしょうがも加え、あめ色になるまで 20 ～ 40 分炒める。

あめ色タマネギを早くつくるには
薄切りタマネギを冷凍しておく。凍ったままフライパンに入れて強火にかけ、水分がなくなったらサラダ油を加える。ずっと強火で、混ぜ続けること、焦げそうなときは火を弱めるのではなく、フライパンを火から離すのがポイント。

4

深鍋に 3 と A、B、D（煮干しは頭とハラワタを取り除く）、水を入れ、強めの中火にかける。ときどき混ぜてアクを取り、約半量になるまで 1 ～ 2 時間煮詰める。

5

2 のスパイスを加えてさらに 20 分ほど煮て、火をとめる。粗熱をとり、少量ずつミキサーにかける。熱いままミキサーにかけるとハネて危ないので注意。

6

5 をザルなどで濾し、鍋に戻して F の調味料を加え、15 分ほど煮る。好みの濃度になったら、味をみて、ととのえる。

- ウスターソースにしたいときは、6 でさらに、濾し袋などで濾す。
- 絞りかすは、料理に活用（P.81）。

column

スパイスのこと

マサラが便利！

スパイスを入手しても、気がついたら使わないまま、何年も経っていた！なんて話をよく聞きます。実は私も、かつてはそのクチでした。

中濃ソースをつくるときは、たくさんのスパイスがそろいます。そんなときは、ガラムマサラやティーマサラに仕込んでおくと、いつでも手軽に使えるのでおすすめです。私も時間があるときに、マサラにして冷凍するようになってから、スパイスの使い残しがぐんと減りました。

しかも、このマサラ、本当にお役立ちなんです。ガラムマサラは、カレーにぱらりと加えるだけで、プロっぽい味に変身。ティーマサラもミルクティーに加えるだけで、あっという間にスパイシーなチャイになります。

おすすめ固形スパイス

わが家で常備している固形スパイスは、各種こしょうとクミン、フェンネル。ピクルスやマリネ、ドレッシングにちょこっと加えるだけで、本格的な仕上がりになるので、ぜひお試しを。

そろえておくと便利なスパイスとハーブ。お気に入りを見つけて。

スパイスの楽しみ

ひとふりで料理の味と香りをぐっと深くする、絶妙なブレンドです。

たちまちインドな香り

ガラムマサラ

材料

カルダモン　10粒（中の粒を出す）／シナモンスティック　1本／ローリエ　1枚／クミン　大さじ2／クローブ　7～8粒／黒こしょう　小さじ1／フェンネル　小さじ1／コリアンダー　小さじ2／パプリカパウダー　小さじ1/2

保存　冷凍で3カ月

つくり方

❶固形スパイスはフライパンで焦げないように乾煎りし、香りを出す。パチパチ煎って香りがたてばOK。

❷❶をフードプロセッサーにかける。またはすり鉢でする。パウダー状のスパイスを加えて混ぜる。

❸密閉容器などに入れ、冷凍保存。香りが飛びやすいので、3カ月ほどで使いきるとよい。

気軽にチャイを

ティーマサラ

材料

クローブ　10粒／シナモンスティック　2本（またはパウダー　小さじ1）／カルダモン5粒（中の粒を出す）

＊好みでしょうがを加えても。

保存　冷凍で3カ月

つくり方

❶すべての材料をフードプロセッサーにかける。またはすり鉢でする。パウダー状のスパイスを使う場合は、ブレンドするだけ。香りが飛びやすいので、冷凍保存がおすすめ。

中濃ソースの絞りかすも有効活用！

カレーペースト

材料

タマネギ　中1個
にんにく（みじん切り）　小さじ1
しょうが（みじん切り）　小さじ1
サラダ油
スパイス
　クローブ　5粒
　カルダモン　3粒（または小さじ1/4）
　シナモン　1本（または小さじ1/2）
　クミン　小さじ1/2
　フェンネル　小さじ1/2
　黒こしょう　5粒（または小さじ1/2）
　コリアンダー　小さじ1/2
　赤唐辛子　2本
　（または一味唐辛子　小さじ1/2）
　ターメリック　大さじ1
塩　適宜（小さじ1程度）
赤ワイン　大さじ1

保存　冷凍で3カ月

つくり方

❶固形のスパイスは、フライパンで数分乾煎りして香りを出し、フードプロセッサー、またはすり鉢で細かくすっておく。

❷タマネギは薄切りにして、油を入れたフライパンでじっくり加熱して、あめ色タマネギにする（P.79）。途中でにんにくとしょうがを加えて、一緒に炒める。

❸❷のフライパンに、すべてのスパイス、赤ワインを入れ、焦げないように混ぜて練る。塩で味をととのえる。ここに、中濃ソースの絞りかすを加えると、より味わい深い仕上がりに。

＊カレーや炒め物に重宝します。

ゆず

ゆずを使った調味料といえば、なんといってもゆずこしょう！　でも、このゆずこしょう、仕込める時期がすごく短いのです。唐辛子が青くて、ゆずが青い時期は、ごくわずか。しかも、青ゆずは若すぎると皮が固くて苦みも強く、ちょうどよい頃合いになるのを待っていると、今度は青唐辛子が赤くなってしまったりと、油断なりません。

というわけで、仕込みの時期は9月頃。安全なのは、青唐辛子を先に塩漬けにしておき、青ゆずが出回るのを待つという方法。これならドキドキしないで仕込めます。ここでは黄ゆずと赤唐辛子のレシピも紹介。こちらは、冬の間いつでも仕込めます。青×青がすがすがしい味だとすると、黄×赤は香り豊かな味。麹を加えたタイプは甘味と旨味がたっぷり。3種類常備すると、使い分けができて楽しい！

ポン酢も手づくりすると、やみつきになる味で、もう市販品には戻れません。

ゆずこしょう

爽やかな香りと辛味がクセになります。
麹を入れたり黄ゆずでつくったり
自家製ならではのバリエーションです。

材料　できあがり50㎖ビン１個分
青ゆず　３～４個（約15ｇ）
青唐辛子　ゆずと同量
塩　７ｇ

保存　冷蔵で１カ月／冷凍で３カ月。ゆずこしょう麹は冷蔵で１年

つくり方

❶ゆずは、おろし器で皮をする（a）。または皮を薄くむいてみじん切りに。皮の裏の白い部分が入ると、苦味やカビの原因になるので、できるだけ入れないようにする。

❷ビニール手袋をつけて青唐辛子を縦半分に切り、種を取り除いて（b）みじん切りに。辛いのが好みの人は、種つきのまま使う。

❸❶と❷、塩を合わせ、すり鉢で好みのなめらかさまで、する。ゆずのしぼり汁を適量加え、さらにすって仕上げる。フードプロセッサーやブレンダーを使ってもよい。１週間くらいで味が落ち着く。

a

b

memo
九州の一部地域で青唐辛子のことを「こしょう」と呼んでいたので、この名前があります。

variation

ゆずこしょう麹

基本のゆずこしょうに米麹７ｇを加え、よく混ぜる。１カ月後くらいから使えます。麹を入れることで保存性が増し、時間をおくほどに麹の甘味がたち、辛味がまろやかに。

黄ゆずと赤唐辛子のゆずこしょう

素材を黄ゆずと赤唐辛子にかえて、分量やつくり方は基本のゆずこしょうと同様に。香りが華やかで辛味はまろやか。明るいオレンジ色で、見た目もあざやかです。

塩ゆず

ゆず皮の香りをそのまま保存。
和風の和え物、浅漬け、鍋物などに大活躍。
香る塩味です。

材料

黄ゆず　1～2個
塩　ゆずの重量の20％

|保存|　常温で1年

つくり方

❶ゆずはよく洗い、適当な大きさに切って、種を取り除いておく。細かく切ったほうが、早く発酵する。

❷ゆずに塩を合わせて混ぜ（a）、ビンにみっちり詰める（b）。フタをして常温でおく。はじめの1週間は1日1回ふって混ぜ合わせるとよい。

a

b

memo

約1週間後から使えますが、1カ月以上発酵させるのがおすすめ。何カ月も経つうちに味の変化を楽しめます。塩分の気になる人は、塩分10％でもつくれますが、カビやすくなるので冷蔵庫で保存し、3カ月で使いきってください。

variation

塩レモン

塩ゆずは、モロッコのタジン料理などで使われるシトロンコンフィ（塩レモン）をアレンジしたもの。上記のレシピの黄ゆずをレモンにかえれば、元祖の塩レモンができます。レモンは、できるだけ無農薬の国産のものを選びましょう。

ゆずポン酢

まろやかな酸味が
かつお節と昆布のだしにからみ、
上品なアクセントに。

材料　できあがり約250㎖分

ゆず果汁　100㎖
しょうゆ　100㎖
酢　大さじ1
みりん　大さじ1
酒　大さじ1
昆布　5㎝角
かつお節　ひとつかみ（約5g）

保存　冷蔵で3カ月

つくり方

❶ゆずは果汁を絞り、種を取り除く。すべての材料を計っておく（a）。

❷かつお節以外の材料を鍋に合わせ、中火にかける。沸騰直前に昆布を取り出して（b）、かつお節を加え（c）、ひと煮立ちさせ、火をとめる。そのまま冷ます。

❷ザルなどで濾して（d）、できあがり。

a

b

c

d

memo

すぐに使えますが、1カ月くらいおくと味がまろやかになります。レモンやだいだいなど、ほかの柑橘果汁でもできます。簡単につくりたいときは、柑橘果汁としょうゆを1対1で混ぜるだけでも、さっぱりしたポン酢ができあがります。

唐辛子

唐辛子の調味料は、手づくりすると「好みの辛さにできる」というのが最大のポイント。量を調節したり、最近はいろいろな品種の唐辛子が手に入るので、品種を選ぶことも可能です。

青唐辛子の旬は7〜8月頃。9〜10月頃になると熟して、赤唐辛子になります。それ以外の時期は乾燥させたものが出回ります。唐辛子には辛い品種と辛くない品種があり、辛い品種の代表は、日本では鷹の爪。南米のハラペーニョやハバネロ、タイのプリッキーヌなども有名です。

唐辛子は畑でもコンテナでも育てやすい、家庭菜園向きの野菜。好みの唐辛子を育てて調味料に仕込むと楽しいですよ。

唐辛子をさわるときに注意してほしいのは、かならずビニール手袋をして作業すること。私もつい素手で作業をして、翌日まで手が燃えるように熱くなり、夜も眠れなかったことがあります。作業中に目や鼻をこすらないことも大切です！

七味唐辛子

身近な素材を使って、
自分好みの配合でつくる楽しみ。
しかも簡単、風味よし。

材料

下記から好みで３～８種類ほどを適量用意。

一味唐辛子

粉山椒

青のり

ゴマ
（黒または白）

ゆずの皮

しょうが

青ジソ

麻の実

けしの実

ミカンの皮（陳皮）

保存 冷蔵で６カ月

つくり方

❶生の素材は天日干しして、カラカラにする。赤唐辛子を使う場合はヘタを取って種を除き、しょうがはスライスして、青ジソはそのまま、ミカンやゆずなど柑橘類の皮は薄くむいて。完全に乾燥したら、ミルサーにかけるか、すり鉢ですって細かくしておく。

❷ゴマ、けしの実、麻の実、青のりなどは、フライパンで乾煎りして香りを出す。

❸好みの素材を合わせてできあがり。配合は味をみながら好みで調整していくとよい。

memo

七味といっても、かならず７種類を調合する必要はありません。いろいろなバランスで調合してみて、好みの配合を見つけてください。青ジソやゆず、ミカンの皮、しょうがなどは、自分で干したものを砕いて使うと香りが何倍もよいので、ぜひお試しを。

ラー油

えっ、こんなに香ばしいの!?と今までのラー油観がくつがえります。

材料　できあがり約100mℓ分

白ゴマ油　50mℓ

ゴマ油　50mℓ

赤唐辛子　２～４本

一味唐辛子　小さじ１

にんにく　１片

しょうが　１かけ

長ネギ（青い部分）　１本分

保存　冷蔵で６カ月

つくり方

❶耐熱容器にヘタと種を取り除いた赤唐辛子、一味唐辛子を入れておく（a）。

❷にんにく、しょうが、長ネギは粗くスライスする。

❸白ゴマ油を鍋に入れ、❷を入れて弱めの中火で炒める。香りがたってきたら、ゴマ油を加え（b）、ふつふつしてきたら火をとめる。

❹熱々の油を❶の容器にじゅっと注ぎ込む（c）。油ハネに注意。

❺粗熱がとれたらザルやガーゼで濾し（d）、ビンに入れる。

memo

ゴマ油は香りが飛びやすいので、最後に加えることで香ばしさをキープ。辛いのが好きな人は、保存容器にもヘタと種を取った赤唐辛子や、一味唐辛子を入れてください。

a

b

c

d

食べるラー油

ご飯やお粥や麺のお供に。
魚の清蒸《チンヂョン》や野菜炒めにも。
うまい！と言わせる逸品です。

材料　できあがり約120㎖分

白ゴマ油　50㎖
ゴマ油　50㎖
七味唐辛子　小さじ1
一味唐辛子　小さじ1/2
にんにく（みじん切り）　1片
しょうが（みじん切り）　1かけ
長ネギ（みじん切り）　1/4本
干しエビ　5g
干し貝柱　1個
白ゴマ　小さじ1/2
砂糖　小さじ1/2
塩　小さじ1
しょうゆ　小さじ1
コチュジャン　小さじ1/2

保存　冷蔵で1カ月

つくり方

❶干しエビと干し貝柱は水（大さじ2）につけて戻し（a）、みじん切りにしておく。戻し汁も取っておく。
❷白ゴマは乾煎りし、粗く刻んでおく（b）。
❸鍋に白ゴマ油、にんにく、しょうが、長ネギ、❶のエビと貝柱、戻し汁を入れ、中火で炒める（c）。ぐつぐつ煮立ってきたら、七味唐辛子、一味唐辛子、砂糖、塩、しょうゆ、コチュジャンを加えて、焦げないように混ぜながら弱火で2～3分炒める。仕上げにゴマ油と❷のゴマを加え（d）、ふつふつしたら火をとめる。粗熱がとれたらビンに詰める。

memo
ザーサイやフライドオニオンを加えると、より風味豊かに。コチュジャンのかわりに甜面醤や豆板醤を好みでアレンジすると、微妙な味の差を楽しめます。

a

b

c

d

タバスコ風唐辛子ビネガー

ストレートな辛味と酸味。料理の味の幅を広げる刺激的調味料です。

赤唐辛子のビネガー

青唐辛子のビネガー

材料　できあがり約200㎖分
生唐辛子（赤または青）50ｇ（ヘタと種を取り除いた重量）
にんにく　1片
塩　小さじ1/2～1
酢　100㎖

保存　冷蔵で1年

つくり方

❶唐辛子は縦半分に切り、ヘタと種を取り除いて分量を計る（a）。にんにくは皮をむき、さっとゆでておく（b）。
❷❶の唐辛子とにんにくをフードプロセッサーにかける（c）。またはみじん切りにして、すり鉢でする。
❸❷に塩と酢を加えて、ビンに入れる（d）。冷蔵庫で1カ月以上、熟成させるとよい。さらさらしたタバスコが好みの人は、熟成後、裏濾しする。

a

b

c

d

memo
真っ赤な色に仕上げたいので、種を入れないレシピですが、辛いのが好きな人は種ごと入れてください。辛い品種（ハラペーニョやハバネロなど）を使うと、さらに辛く仕上がります。生の唐辛子が入手できない場合は、乾燥唐辛子を水で十分に戻し、ヘタと種を取り除いた状態で、約50ｇを目安に使いましょう。

スイートチリソース

東南アジアの風味たっぷり。
生春巻きや唐揚げ、エビチリに。
辛さと甘さの絶妙バランスです。

材料　できあがり約100㎖分

赤唐辛子　10～15本
にんにく　1片
酢　30㎖
塩　小さじ1
はちみつ　50㎖
ナンプラー　大さじ1
レモン汁　大さじ2

保存　冷蔵で1年

つくり方

❶赤唐辛子はヘタと種を取り除き、水で戻しておく(a)。生の赤唐辛子を使ってもよい。にんにくは皮をむき、さっとゆでておく。

❷赤唐辛子をみじん切りにして、すり鉢ですり(b)、にんにくを加えてつぶして混ぜ(c)、調味料と合わせる(d)。または、材料をすべてフードプロセッサーにかける。

a

b

c

d

memo
好みでケチャップやしょうゆを加えても、おいしくできます。さらに辛くしたいときは、韓国唐辛子（粉末）や一味唐辛子をプラス。とろみをつけたいときは、できあがったスイートチリソースを鍋に入れて加熱し、水溶き片栗粉（小さじ1の片栗粉を水大さじ1で溶く）を入れて仕上げてください。

青唐辛子のしょうゆ麹

ご飯やうどんのお供に。お酒のツマミに。
肉につけても豆腐にも。

材料

青唐辛子　100g
米麹　100g（青唐辛子と同量）
しょうゆ　100㎖

保存　冷蔵で２年／夏以外は常温保存が可能

つくり方

❶青唐辛子は輪切り、またはみじん切りにする。種は入れたままにしておく（a）。
❷❶と麹をフタつきの容器に入れ、しょうゆを加えて混ぜる（b）。冷蔵庫に入れて、ときどきかき混ぜる（c）。１カ月後くらいから食べられるが、時間の経過とともに味がまろやかになる。１年経つ頃が美味。

a

b

c

memo
東北や北海道で昔からつくられている発酵調味料。唐辛子、麹、しょうゆを１：１：１で一升ずつ漬けたことから、一升漬け、三升漬け、または麹南蛮などさまざまな名称で呼ばれています。赤唐辛子でも同様につくることが可能。発酵・熟成が進むごとに辛味がまろやかになり、豊かな味と香りに。

キムチだれ

一度は挑戦してみたい本格キムチ。
旨味と甘味のある韓国唐辛子を使って、
自家製キムチだれを。

材料　白菜１個分

韓国唐辛子（粉末）　50g
Aだし
- 水　２カップ
- 昆布　５㎝角２枚
- 煮干し　15g
- かつお節　５g

リンゴまたは梨（すりおろし）１個分
しょうが（すりおろし）　大さじ１
にんにく（すりおろし）　大さじ１
タマネギ（すりおろし）　大さじ１
ダイコン（千切り）　200g
ニンジン（千切り）　100g
ニラ（ざく切り）　１束
イカの塩辛　50g
アミの塩辛　50g（または干しエビ　大さじ２）
塩麹　大さじ２（または塩小さじ１）
ナンプラー　大さじ１
白ゴマ　大さじ１
砂糖　大さじ１

保存　冷蔵で１週間

a

b

c

つくり方

❶ Aのだしを合わせてひと煮立ちさせ（a）、そのまま冷ましてから、濾しておく（b）。
❷ その他の材料をすべて合わせ、❶のだしを加えて混ぜる（c）。かならずビニール手袋着用のこと！

白菜キムチのつくり方

白菜は４つ割りにし、半日干してから、重量の４%の塩でひと晩下漬け。翌日、白菜の水気を絞り、１枚１枚の葉の間にキムチだれを塗り、冷蔵で１週間おけば、本格キムチのできあがり。ダイコンでつくればカクテキに。

牡蠣

牡蠣エキスそのもののオイスターソースは、中国の広東料理が発祥。自家製のソースは、市販のものより色や濃度は薄めですが、風味豊かでナチュラルな味わい。あれにもこれにも使いたくなるおいしさです。さらりとした仕上がりなので、中華風の炒め物だけでなく、だしでのばしてスープにしても美味。自家製オイスターソースでつくるニラ焼きそばは絶品です！

日本で一般的なマガキの旬は、11～4月頃。生食用として市販されているもののほうが新鮮な印象がありますが、生食用は沖合で育てたり、殺菌処理をしています。加熱して食べるなら加熱用を選んだほうが旨味が強いそうです。ちなみにノロウイルスは、85～90℃で90秒以上加熱すれば死滅します。

私は牡蠣をすり身にして煮出す方法でつくっていますが、すり身にせず煮汁を煮詰める方法もあり、すっきりした味わいに仕上がります。

オイスターソース

牡蠣のエキスをぎゅっと凝縮、
旨さ丸ごと。
さらりとしながら奥深い、
自家製ならではのおいしさです。

材料　できあがり約120㎖分
牡蠣（生むき身）　約300ｇ
水　250㎖
みりん　大さじ１
塩　小さじ１
しょうゆ　大さじ２
水あめ　小さじ１（または砂糖　小さじ1/2）

保存　冷蔵で１カ月

つくり方

❶牡蠣のむき身は３％の塩水（分量外）でふり洗いして汚れを落とし（a）、水気をきる。
❷牡蠣に水150㎖を加えてミキサーにかけ（b）、すり身にして鍋に入れる。残りの水100㎖をミキサーに入れて空回しして、すり身に加える。
❸鍋を中火にかける。アクを取りながら加熱し、沸騰したら弱火にし、４～５分煮てエキスを抽出する（c）。
❹ふきんなどで❸を濾す。濾した後のすり身はとっておき、活用する（P.97参照）。
❺濾した液体を鍋に戻して中火にかけ、混ぜながら煮詰めていく。焦がさないように注意。
❻約1/3量に煮詰まったら、みりん、塩、しょうゆを加え（d）、さらに煮詰め、水あめ（または砂糖）を加える。味をみて、塩やしょうゆ、みりんでととのえる。

a

b

c

d

オイスターソースと牡蠣を使って

おいしい生牡蠣を手に入れたら、存分に楽しめるこのレシピ。保存にも最適です。

濃厚エキスで

牡蠣のオイル煮

材料　２～４人分
生牡蠣　200g
オイスターソース　大さじ１～２
オリーブオイル　大さじ１＋100㎖
ローリエ　１枚
赤唐辛子（輪切り）　１本分

＊好みで、チャイブ、タイム、ローズマリー、粒こしょう、にんにくなどの香味を加えてもよい。

保存　冷蔵で２週間

つくり方

❶牡蠣は3％の塩水（分量外）でふり洗いして水気をきる。鍋にオリーブオイル大さじ１を入れて熱し、牡蠣を重ならないように並べる。
❷牡蠣から水分が出てぷっくりしてくるので（a)、水分がほぼなくなるまで加熱する。焦げないように、ときどき菜箸で牡蠣を裏返したり、鍋を揺すり、まんべんなく火を通す。
❸水分がなくなってきたら、オイスターソースを加え（b)、さらに汁気がほぼなくなるまで加熱する。焦げないように注意。火をとめ、粗熱をとる。
❹保存容器やジッパーつきビニール袋に、❸の牡蠣と残った煮汁を入れ、オリーブオイル100㎖を注ぎ、赤唐辛子とローリエを加える。

＊翌日くらいからおいしくなり、日々、味が変化します。どの段階もおいしく食べられます。

a

b

オイスターソースの副産物を使って

ソースを濾した後のすり身で、おつまみをもうひとつ。エキスたっぷり！

酒の肴に

牡蠣のすり身の佃煮

材料

副産物の牡蠣すり身　約60ｇ
しょうゆ　大さじ1.5～2
みりん　大さじ1.5～2

保存　冷蔵で２週間

つくり方

❶ 鍋に材料をすべて入れて弱火にかけ、混ぜながら水分を飛ばす。
❷ 好みの固さに煮詰めて完成。

ごはんのお供に

牡蠣みそ

材料

副産物の牡蠣すり身　約60ｇ
みそ　約60ｇ（牡蠣と同量）
酒・みりん　各小さじ1
塩・砂糖　各少々

保存　冷蔵で１カ月

つくり方

❶ 鍋に材料をすべて入れて弱火にかけ、混ぜながら、煮詰める。
❷ しっとりした状態になれば完成。

essay

仕込むために育てる！畑仕事の楽しみ

最初の頃は、買った材料で自家製調味料を仕込んでいました。でも、「自分で育てた野菜で仕込んでみたい！」という思いがむくむく湧いてきて、野菜づくりにチャレンジするようになったのです。

もともと畑仕事をはじめたのは、家庭菜園の本を編集したことがきっかけ。1年を通じて農家さんに取材に通ううち、野菜づくりの楽しさにハマってしまいました。

でも、都会のマンション生活で庭がないので、まずは市民農園を借りることからスタート。そして翌年には、日帰りできる距離に休耕地を借りることもできました。いま、季節の野菜は市民農園で、イモや大豆、小麦などは休耕地で、というように使い分け、市民農園は週1回、休耕地は月1回のペースで通っています。

畑で収穫。すぐ調味料に！

調味料づくりに便利な野菜というと、トマト、唐辛子、タマネギ、セロリ、ニンジン、シソ、しょうが、にんにく、長ネギ、ゴマ、そら豆といったところ。これに、大豆や小麦、米があれば、鬼に金棒です。トマトや唐辛子、しょうがなどは限られた期間にどさっと大量に収穫できるので、まさに調味料を仕込むのに向いています。とくにトマトは、完熟するまで畑においたほうがおいしいのですが、完熟トマトはとにかく皮が破裂しやすい！　というわけで、まとめてケチャップになってもらいます。シソも優秀な野菜です。葉っぱを楽しんだ後は、シソの実というごほうびまで。育てやすさの面でもピカイチです。

自分が食べるものを自分で育てるという行為は、ヒトとしてとても自然なことのように感じます。しかも、育ててみるとどれも個性豊かで、ひとつとして同じ野菜はありません。だから、クワ仕事で腰がヨロヨロになっても、熱中症で倒れそうになっても、畑仕事には飽きるということがないのです。

撮影　オザワエイコ

ネット時代の自家製ライフ

野菜や穀物以外で調味料づくりにあると便利なのが、山椒、ゆず、梅といった果樹。うちは庭がないので木は植えられませんが、借りている畑に山椒と梅の木があるので、実を分けていただくこともあります。

先日、山椒の実がどうしても必要となり、あるイベントで集まった人たちに「山椒の実がほしいのだけれど……」と聞いてみたら、「うちにあるから、好きなだけどうぞ」と言っていただいたことがありました。山椒やゆず、梅、柿などは、庭のあるお宅では植えてあることが多いのですが、使わずに宝の持ち腐れになっているケースもあります。そんなときは、勇気を出してひと声かけてみると、案外、分けていただけることがあるものです。

自分で育てたり、知人から分けてもらう、なじみの店から買うといった顔が見える関係で素材を調達するのは理想的ですが、反面、それにこだわる必要もないと思っています。

いまはなんでもネットで買える時代。それが、自家製のハードルを下げてくれるのです。たとえば、種麹や小麦の玄麦など、以前は入手しづらかったものも、ネットで検索すれば、たいていのものは入手が可能。粒マスタードをつくるためのマスタードシードや、ガラムマサラやカレーペーストに使いたい珍しいスパイスも、ネット通販なら、すぐに配達してもらうことができます。

ネット通販を便利に使いつつ、ときには山椒から生まれるコミュニケーションに感謝する、そんな暮らしが、私には「ちょうどよい加減」です。

ちなみに、調味料づくりにも活躍するハーブ類は、うちではベランダで育てています。ローズマリー、タイム、セージ、バジル、コリアンダー、イタリアンパセリ、ローリエなど。これらは苗からだと育てやすいのでおすすめです。

これからチャレンジしたいのは、マスタード。からし菜の仲間なのですが、畑で育てて種が採れれば、究極の自家製粒マスタードができるじゃないか！と気づいたら、種をまく前からもう、にやにやしてしまうのです。

chapter 3

いつでもつくれる おなじみ調味料

マスタード

プチッとした食感、
すっきりと力強い味わい。
ソーセージやポテトサラダを
ぐんとおいしくします。

粒マスタード

材料　できあがり150㎖ビン１個分
イエローマスタードシード　20ｇ
ブラウンマスタードシード　20ｇ
米酢とリンゴ酢（または白ワインビネガー）　合わせて60〜70㎖
塩　小さじ1/4〜1/2

保存　冷蔵で３カ月

a

b

つくり方
❶ブレンドしたマスタードシードを、すり鉢でごりごり、する（a）。すり加減はお好みで。
❷ビンに入れ、塩少々を加え（b）、好みの酢を注ぐ。
❸マスタードシードが酢を吸うので、常にひたひたになるように毎日酢を足す。
❹常温でおき、２〜３日して酢が減らなくなったら、できあがり。冷蔵庫で保存。

memo
イエローマスタードシードは辛味がマイルド。ブラウンマスタードシードは辛味が強く、渋味もあります。好みの配合でブレンドするのがおすすめです。

variation

辛さおだやか
イエローマスタード

材料　できあがり150㎖ビン１個分
イエローマスタードシード　40ｇ
リンゴ酢　60〜70㎖
塩　小さじ1/4〜1/2
はちみつ　大さじ１
ターメリック　小さじ1/2

つくり方
❶イエローマスタードシードに酢と塩、はちみつを混ぜて、ひと晩おく。
❷すり鉢でなめらかになるまで、する。ターメリックを加えて、さらにする。すり加減はお好みで。

＊ターメリックでより黄色い仕上がりに。

まろやか風味
なめらか粒マスタード

材料　できあがり150㎖ビン１個分
イエローマスタードシード　20ｇ
ブラウンマスタードシード　20ｇ
白ワインビネガーとリンゴ酢　合わせて60〜70㎖
塩　小さじ1/4〜1/2
はちみつ　大さじ１

つくり方
❶２種のマスタードシードと酢、塩、はちみつを混ぜて、ひと晩おく。
❷すり鉢でなめらかになるまで、する。好みの粒加減になったら、塩で味をととのえる。

バター

こんなにおいしく
こんなに簡単にできるなら、
もっと早く自家製すればよかった！
1日が幸せにはじまるバターです。

バター

材料　できあがり80～100g分

生クリーム（乳脂肪分35％以上）　200㎖

＊無添加（安定剤・乳化剤不使用）のものがよい

塩　小さじ1

保存　冷蔵で3～4日／冷凍で1カ月

a

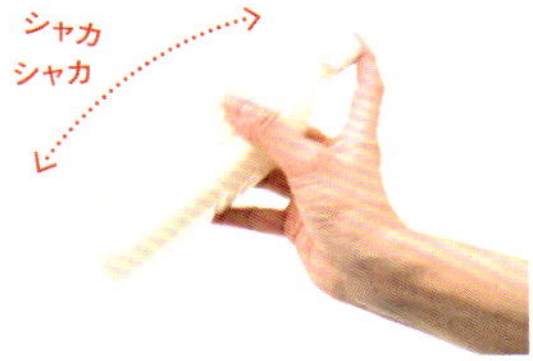

つくり方

❶空のペットボトル（500㎖）に生クリームを入れ、ひたすら振る。はじめホイップクリーム状になり、やがて振りにくくなるが、振りつづけるとまたパシャパシャ水分の音がしてくるので、根気よく振りつづける。水分と固形分に分かれるまで、目安は10～20分（a）。

❷水分と分かれ固形分が黄色くなったら、水分（バターミルク）は別容器に出し（b）、固形分を取り出してスプーンなどでぎゅっと押し（c）、余分な水分を捨てる。有塩にしたいときは塩を加えて混ぜる。

b

c

memo

生クリーム200㎖で、脂肪分35％だと約80g、45％だと約100gのバターができます。紙パックのまま振ってもできます。ブレンダーを使えばなお簡単です。

バターミルクはそのまま飲んだり、紅茶やコーヒーに。お菓子づくりやカッテージチーズづくりにも利用できます。

variation

香りを楽しむ

パクチーバター

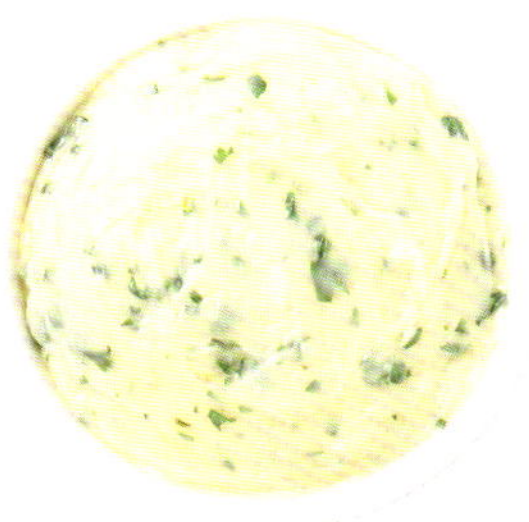

バターにパクチー（みじん切り）とレモン汁少々を混ぜる。

サンドウィッチに

マスタードバター

バターに粒マスタードとにんにく（みじん切り）を適量混ぜる。

あつあつバゲットに

アンチョビバター

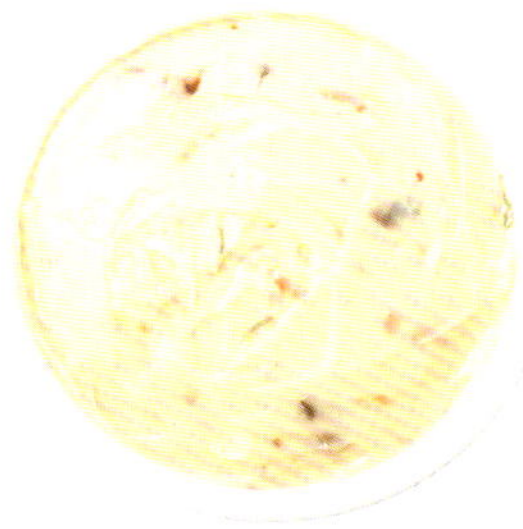

バター（無塩）にアンチョビ（みじん切り）とタイムを適量混ぜる。

マヨネーズ

ほんの少し手間をかければ、
シンプルな料理が味わい豊かに。
新鮮マヨネーズで
生野菜もリッチなひと皿に。

マヨネーズ

材料
卵黄　2個
サラダ油　150～300㎖
塩　小さじ1/2～1
酢　大さじ1
こしょう　少々
イエローマスタード　少々

a

b

保存　冷蔵で3～4日

つくり方
1. 卵は室温に戻しておく。
2. 卵黄、塩、酢を泡立て器でしっかり混ぜ合わせる（a）。
3. サラダ油を少しずつ加えて、さらに泡立て器でよく混ぜる（b）。少しずつ油を加えるのがポイント。分離しないように、しっかり混ぜる。
4. 白っぽくもったり乳化してきたら、こしょうとマスタードを加え、塩と酢（分量外）で味をととのえる。

memo
卵が冷たいと乳化しにくいので、冷蔵庫から出して室温に戻しておくのがコツ。卵は新鮮なものを使うこと。

variation

生野菜がごちそうに
シーザードレッシング

マヨネーズ　大さじ2
牛乳・粉チーズ　各大さじ1
にんにく（すりおろし）1/2片
オリーブオイル　小さじ1
酢　小さじ1/2
塩・こしょう　少々

すべての材料を混ぜる。

マヨネーズが主役に
タルタルソース

マヨネーズ　50g
ゆで卵　1/2個／タマネギ　大さじ1／キュウリのピクルス大さじ1/2／パセリ　小さじ1/2（以上すべてみじん切り）
レモン汁 小さじ1/4／塩　少々

すべての材料を混ぜる。

こっくり甘酸っぱい
オーロラソース

マヨネーズ　大さじ3
トマトケチャップ　大さじ2
中濃ソース　大さじ1

すべての材料を混ぜる。

醤《じゃん》

ひとさじ加えるだけで本格料理に。
風味と香りの決め手です。
中国料理、韓国料理の奥深さを味わえます。

たれ

ガッツリ食べたい日は、くっきり味のたれを上手に使って。肉も野菜もボリューム感満点に。

焼き肉のたれ

ネギ塩だれ

ナムルだれ

ゴマだれ

深いコクと香り

豆鼓醤

材料　できあがり120mℓビン１個分

豆鼓（みじん切り）　30g
干しエビ（みじん切り）　３g
タマネギ（みじん切り）　1/8個
にんにく（みじん切り）　１片
一味唐辛子　３g
紹興酒　大さじ１と1/2
オイスターソース　小さじ１
きび糖（または黒糖）　小さじ１と1/2
白ゴマ油（またはサラダ油）　大さじ３
米麹　5g

保存　冷蔵で６カ月

つくり方

❶鍋に油を入れ、タマネギを中火で焦がさないようにじっくり炒める。
❷タマネギが軽く色づいてきたら、にんにくと一味唐辛子を加え、さらに炒める。
❸豆鼓と水で戻した干しエビを加え炒める。
❹紹興酒とオイスターソースに砂糖を溶いて、❸に加える。木ベラで混ぜながら、焦げないように弱火で炒める。じゅくじゅく、とろりとしてきたら火をとめる。
❺粗熱をとり（40℃以下に冷ます）、麹を加えて混ぜ合わせる。ビンに詰めて１週間以上熟成させる。

旨味の宝庫

XO醤

材料　できあがり120mℓビン１個分

干しエビ・干し貝柱　各10g
ロースハム（または金華ハム）　10g
タマネギ（みじん切り）1/8個分
白ゴマ油（またはサラダ油）　大さじ２
にんにく（みじん切り）　２片
A 調味料
　紹興酒　大さじ1/2
　塩　小さじ1/4
　一味唐辛子　少々
　ラー油　小さじ1/4
　オイスターソース　小さじ1/2
　しょうが（すりおろし）　小さじ1/2
　きび糖（または黒糖）　小さじ1/4
　ナンプラー　小さじ1/2

保存　冷蔵で１カ月

つくり方

❶干しエビ、干し貝柱は、ひたひたの水に浸けて、戻しておく。水気をしっかりきり、みじん切りに。
❷ハムもみじん切りにする。
❸鍋にゴマ油を熱し、タマネギを中火で焦げないようにじっくり炒める。にんにくを加え、香りを出す。❶と❷を加えて、さらに炒め、いったん火をとめる。
❹Aの調味料を加えて弱火で炒め、水分が飛んで油がじゅくじゅくしてきたらできあがり。焦がさないように注意。

炒め物にほんの少し加えれば、味に深みが増します。豆板醤などと合わせても。

温かいご飯にのせて。ラーメンや塩焼きそばに添えて。XO醤の海鮮炒めは最高！

肉との相性バツグン

甜麺醤

材料　できあがり120mℓビン１個分

豆みそ（八丁みそ）　50ｇ
米みそ　25ｇ
しょうゆ　大さじ1/2
みりん　大さじ1/2
酒　大さじ1/2
砂糖　大さじ２
リンゴ（すりおろし）　1/4 カップ
ゴマ油　大さじ1/2
にんにく（みじん切り）　大さじ1/2
しょうが（みじん切り）　大さじ1/2

保存　冷蔵で６カ月

つくり方

❶ボウルに豆みそと米みそを入れ、しょうゆ、みりん、酒、砂糖、リンゴのすりおろしを加え、まんべんなく練り混ぜておく。
❷鍋にゴマ油を入れ、にんにく、しょうがを加え、焦げないように弱めの中火で熱する。香りがたってきたら、❶を加え、木ベラで混ぜながら、ぽってりするまで中火で煮詰める。

甘ピリ辛が絶妙！

コチュジャン

材料　できあがり120mℓビン１個分

豆みそ（八丁みそ）　25ｇ
米みそ　25ｇ
一味唐辛子　５ｇ
きび糖（または黒糖）　25ｇ
しょうゆ　大さじ１
酒　大さじ1/2
みりん　大さじ1/2
米麹　５ｇ
にんにく（すりおろし）　小さじ1/2
しょうが（すりおろし）　小さじ1/2
すりゴマ　小さじ1/2
ナンプラー　大さじ1/2

保存　冷蔵で６カ月

つくり方

❶ボウルに材料をすべて合わせ、まんべんなく練り混ぜる。
❷❶をビンに詰める。１週間ほどおくと、味が落ち着く。

なんといっても回鍋肉。香りを出しつつ焦がさないのが、おいしさのコツです。

韓国料理に欠かせない甘辛みそ。火を入れて香りをたて、焼き肉や野菜炒めに。

和えれば絶品!

ナムルだれ

材料

にんにく（すりおろし）小さじ1/2
すりゴマ　大さじ1
ゴマ油　小さじ1
塩　小さじ1/2
鶏ガラスープのもと　小さじ1/2
しょうゆ　小さじ1

|保存| 冷蔵で1週間

つくり方

❶すべての材料を混ぜ合わせる。

memo
簡単にナムルができる便利だれ。モヤシやホウレンソウをさっとゆでてから、たれと和えるだけ。おいしさのコツは、ゆでた野菜の水気をしっかり絞ること。

香ばしく濃厚

ゴマだれ

材料

白すりゴマ　大さじ2
しょうゆ　大さじ2
みりん　大さじ1
ゴマ油　小さじ2
砂糖　大さじ1/2
みそ　小さじ1
酢　大さじ1

|保存| 冷蔵で1週間

つくり方

❶すべての材料を混ぜ合わせる。すりゴマのかわりに練りゴマを使うと、よりなめらかな仕上がりに。

極うま万能だれ

焼き肉のたれ

材料

しょうゆ　大さじ2
酒　大さじ1/2
みりん　大さじ1/2
砂糖　小さじ1
リンゴ（すりおろし）　大さじ1
七味唐辛子　小さじ1/2
コチュジャン　小さじ1
にんにく（すりおろし）小さじ1
しょうが（すりおろし）小さじ1
タマネギ（すりおろし）小さじ1
長ネギ（みじん切り）　小さじ1
白ゴマ　小さじ1
ゴマ油　大さじ1
レモン汁　小さじ1

|保存| 冷蔵で1週間

つくり方

❶すべての材料を鍋に入れて混ぜ、さっと煮ると、まろやかな味に仕上がる。そのまま混ぜ合わせるだけでもOK。

うなるおいしさ

ネギ塩だれ

材料

長ネギ（みじん切り）　1/2本分
にんにく（すりおろし）小さじ1
ゴマ油　小さじ1
レモン汁　大さじ1
塩　小さじ1/2
粗びきこしょう　少々
鶏ガラスープのもと　小さじ1

|保存| 冷蔵で1週間

つくり方

❶すべての材料を混ぜ合わせる。

アンチョビとナンプラー

マイワシでつくる
フレッシュなアンチョビ。
1カ月でおいしく熟成します。
ナンプラーというおまけも。

１カ月後が待ち遠しい

アンチョビ

材料

マイワシ　適量
塩　イワシの30％程度
オリーブオイル　適量
ローリエ・粒こしょうなど好みで

|保存|　冷蔵で１年

つくり方

❶イワシはウロコをとり、頭と内臓を取り除き（a）、手開きにする。

❷中骨と尾を取り除いて背で半分に切り、皮をむく（b）。３％の塩水（分量外）で洗ってから、水気をキッチンペーパーなどでふきとる。

❸保存容器に塩を敷いて、イワシを重ならないように並べ、１段並べたら、上から塩をまんべんなくふる（c）。イワシ、塩の順に重ね、最後にイワシが見えなくなるくらい塩をふる。ラップで表面を覆い、冷蔵庫で１カ月塩漬けに（d）。

❹イワシをさっと洗い、塩分がきつい場合は、３％程度の塩水（分量外）に１時間ほど浸けて塩気を抜く。イワシは水気をふきとり、ビンにみっちり詰め、オリーブオイルを注ぐ。香辛料を加える場合は、ここで投入。イワシが空気に触れているとカビの原因になるので、完全に漬かるまでオリーブオイルをたっぷり入れる。すぐ食べられるが、１カ月ほどおくとなじんでくる。

a

b

c

d

エスニックな香り　ナンプラー

アンチョビのプロセス❸で、１カ月後に容器にたまった液体がナンプラー。そのまま冷蔵保存し、早めに使いきる。

|保存|　冷蔵で１カ月

香ばしい　ナンプラー塩

アンチョビとナンプラーを取った後に残った塩は、フライパンで焦げないよう乾煎りすれば、ナンプラー風味の塩ができる。

|保存|　冷蔵で３カ月

アンチョビを使って

バーニャカウダソース

材料　できあがり約200mℓ分

アンチョビ　1枚（約15g）
にんにく　4片
牛乳　50mℓ
水　50mℓ
オリーブオイル　100mℓ
塩・こしょう　少々

保存　冷蔵で1週間

つくり方

❶にんにくは皮をむき、縦半分に切って芽を取り除き、スライスする。アンチョビは包丁で細かくたたいておく。
❷小鍋に牛乳と水を入れ、❶のにんにくを加えて火にかける。中火で煮て、にんにくがやわらかくなったらフォークなどでつぶす。
❸オリーブオイルと❶のアンチョビを加え、塩、こしょうで味をととのえてできあがり。

自家製オイルサーディン

ワインによく合う絶品イワシ料理。パスタにも！

材料

マイワシ　6尾	ローリエ　1枚
塩　適宜	赤唐辛子　1本
にんにく　1片	粒こしょう　小さじ1/2
オリーブオイル　適宜	

保存　冷蔵で1〜2週間／冷凍で1カ月

つくり方

❶イワシはウロコを取り、頭と内臓を取り除き、手開きにする。中骨と尾を取り除き、背で半分に切る。
❷3％の塩水で洗い、10％の塩水に30分〜1時間浸けた後、水気をふきとる。
❸イワシを鍋に並べ、オリーブオイルをひたひたに注ぐ。にんにくの薄切り、ローリエ、粒こしょう、ヘタと種を取り除いた赤唐辛子を入れて加熱し、ふつふつしてきたらごくごく弱火にして、15〜30分加熱。オイルに漬けたまま保存容器などへ。すぐに食べられる。

シロップ・みつ

メインの料理だけでなく、
デザートや飲み物も、ひと工夫したいもの。
季節感を取り入れて、素材の味を活かした
からだにやさしい甘味調味料です。
黒みつや白みつは、常備すれば
いろいろなものに使えて、重宝します。

ホットでも炭酸割りでもおいしい

しょうがシロップ

材料　できあがり約500mℓ

しょうが　300g
砂糖　200g
水　500mℓ
はちみつ　50mℓ
レモン汁　大さじ2
シナモン・カルダモン・クローブ・ローズマリーなど好みで

保存　冷蔵で3カ月

つくり方

❶しょうがは洗って皮をむく。
❷分量の半分を薄切りに、半分は、すりおろす（a）。
❸鍋に❷と砂糖、水を入れて火にかけ、沸騰したらふつふつする程度の火加減に。スパイスとハーブを加え、5分ほど煮る（b）。レモン汁を加えて火をとめる。はちみつを加え混ぜる。
❹そのまま冷まし、ザルなどで濾して、できあがり。
＊しょうがは皮ごとだと辛味が増す。

a

b

しょうがシロップの副産物を使って

甘辛すっきり、健康おやつや惣菜をもう1品。

しょうが糖

材料

副産物のしょうが　150g分
砂糖　15～25g
グラニュー糖　適宜

つくり方

❶シロップを濾した後のしょうがは水で洗ってから鍋に入れ、砂糖をまぶしておく。
❷弱めの中火にかけ、焦げないように混ぜながら水分を飛ばす。ほぼ水分が飛んだら、火をとめて冷ます。
❸バットなどに広げ、1日くらい乾燥させたら、グラニュー糖をぱらぱらとまんべんなくふる。さらに乾燥させてできあがり。

しょうがの甘辛煮

材料

副産物のしょうが　150g分
しょうゆ　大さじ1/2
酒　大さじ1/2
みりん　大さじ1/2
白ゴマ　適宜

つくり方

❶シロップを濾した後のしょうがは、さっと洗って水気をきる。
❷鍋に❶としょうゆ、酒、みりん（1：1：1）を加えて火にかけ、焦げないように混ぜながら煮詰める。水分がほぼなくなったら、ゴマを加えてできあがり。

色も鮮やか

ザクロシロップ

材料

ザクロ　2 個
砂糖　ザクロの実の重さの50%
レモン（スライス）　2 枚

|保存| 冷蔵で 1 カ月

つくり方

❶ザクロは割って、実を取り出す。水の中で作業するとはずしやすく、赤い汁が飛び散らない。
❷鍋にザクロの実と砂糖を入れて混ぜ、水分が出るまでひと晩おく（a）。
❸レモンを加えて火にかけ、アクを取りながら（b）10分ほど煮る。
❹ザルやふきんなどで濾し、しっかりシロップを絞る。

a

b

なんにでも使える

黒みつ・白みつ

材料　できあがり各約50㎖分

［黒みつ］
黒糖（粉糖）　100ｇ
きび糖　30ｇ
水　100㎖
［白みつ］
上白糖　100ｇ
水　100㎖

|保存| 冷蔵で 1 週間

つくり方（写真は黒みつ）

❶鍋にすべての材料（a）を合わせ、中火にかけて溶かす。ふつふつするくらいの火加減で、焦げないように混ぜ、アクを取りながら煮詰める。とろりとしてきたら（b）火をとめる。
❷ビンなどに移して冷蔵保存。

a

b

column

シロップのこと

加熱しない酵素シロップ

しょうがやザクロシロップは煮出してつくることが多いのですが、梅シロップ（73ページ）のように加熱せずに仕込んでもよいのです。私は、非加熱のものは酵素シロップと呼んで、いろいろな素材で楽しんでいます。

酵素シロップは、梅のようにひとつの素材で仕込むほか、複数の素材で仕込むのもおすすめ。たとえば初夏なら、「梅＋ビワ＋スモモ」。この組み合わせは、わが家では毎年大量につくってしまう黄金レシピです。赤い果肉のスモモを使うと、ピンク色のシロップになります。秋なら、「リンゴ＋柑橘類＋ダイコン」のシロップ。野菜が入るとフルーツだけよりカラダに効きそうな味になるのが不思議。冬なら「ゆず＋レモン＋キンカン」もたまらないおいしさです。

シロップの材料は、フルーツや野菜のほか、小麦や玄米など穀物を加えてもよく、組み合わせは自由自在。皮ごと仕込む場合は、できるだけ無農薬や減農薬の素材を選びましょう。

素材＋白砂糖が基本

シロップのレシピは、素材と同じ重さの白砂糖が基本。たとえば500gのフルーツなら、500gの白砂糖が必要です。きび糖や黒糖で仕込むと異常発酵しやすくなるので、白砂糖やグラニュー糖で仕込むとよいでしょう。

フルーツや野菜を適当な大きさに切ったら、容器に砂糖と交互になるように入れましょう。以降、1日1～2回、清潔なスプーンなどで混ぜるだけ。容器の底に砂糖がたまりやすいので、砂糖を溶かすように底までしっかり混ぜましょう。そして、十分にシロップが上がったら、濾して冷蔵庫で保存します。夏場で数日、冬場で1～2週間ができあがりの目安です。保存期間は冷蔵で約1カ月。

できたシロップは、好みの濃度に水や炭酸で割って飲むほか、ヨーグルトやスムージーに加えたり、砂糖のかわりに料理にも使えます。

なお、濾して冷蔵庫に入れるまでは、毎日混ぜることが成功のポイントです。数日混ぜないでおくとカビが発生しやすく、カビが出た場合は残念ながら食用には適しません。夏場はとくに注意してください。

こだわり仕事

麦芽糖をつくる

麦芽糖でつくる水あめは、自然な甘さでなつかしい味。イモあめは、サツマイモの甘さが生きたやさしい味で、米あめはクセがなく、どんな料理にも使えます。保存の目安は冷蔵で3カ月です。小麦の玄麦を麦芽に育て、乾燥麦芽をつくる方法を紹介するので、ぜひ麦芽づくりから挑戦してみてください（122ページ）。

イモあめ

材料
サツマイモ 500g／乾燥麦芽 40g
（生の場合は80g）／水 500㎖

1

サツマイモは輪切りにして、12時間水にさらしてアク抜きする。たっぷりの水でゆで、ザルにあげて水きり。皮をむいてつぶす。

2

鍋に1と分量の水を入れて熱し、焦げないように混ぜ、イモが粥状になったら火をとめる。60℃以下になるまで冷ます。

3

2を炊飯器に入れ、粉砕した麦芽を加えて混ぜる。保温にし、フタを開けたまま濡れぶきんをかけ、50～60℃で6～8時間。

4

味をみて甘くなっていたら、ふきんなどで濾す。濾した液体を鍋でアクを取りながら煮詰める。とろりとすればできあがり。

米あめ

材料

もち米　2合／乾燥麦芽　40g（生の場合は80g）／水　500㎖

1

もち米は洗ってから、普通に炊く。炊いた米に分量の水を加える。

2

1 をよく混ぜ、冷ます。

3

65℃以下になっているか温度計で計って確認する。

4

粉砕した麦芽を **3** に加えてよく混ぜる。

5

炊飯器のフタを開けたまま保温状態にし、濡れぶきんをかぶせる。50～60℃で6～8時間おき、米を糖化させる。

6

糖化がすすみ、さらっとして、ほんのり甘くなっていたら、ふきんや濾し袋などで濾す。

7

6 を煮詰める。焦げないように混ぜながら煮る。とろみがつき、細かい泡がたってきたらできあがり。

memo

50～60℃を6～8時間保ちつづけるには、温度調節ができるヨーグルトメーカーが便利です。炊飯器の保温機能を使う場合は、フタを開けたままにし、濡れぶきんをかぶせておくのがおすすめ。ときどきふきんを濡らし、蒸発しすぎを予防。

乾燥麦芽

材料

小麦（玄麦）　500g

1

小麦は鍋やボウルに入れ、ひと晩、水に浸けておく。

2

小麦をザルにあげ、1日2回、朝晩、水にくぐらせてから、水をきっておく。

3

小麦から根が出てきたら、バットなどにふきんなどを敷き、小麦を広げる。

4

ひたひたになるくらいに水をかける。陽があたらないように、また、乾燥しないように、新聞紙などをのせておく。

5

1日2回、朝晩、乾燥させないように霧吹きなどで水やりする。

6

小麦は、はじめに根が出て、その後に芽が出る。芽が小麦の大きさの2～3倍に伸びたら、麦芽の完成。

7

麦芽は新聞紙などに広げて干し、からからに乾燥させる（左）。使用するときはミキサーやすり鉢で粉砕する（右）。

memo

生の麦芽を使う場合は、6の写真の右端の状態になったらそのまま粉砕して使用します。麦芽を保存する場合は、しっかり乾燥させてから、ビニール袋などに入れておくとよいでしょう。粉砕しておくと、すぐに使えて便利です。

保存容器の除菌のこと

自家製調味料を長く楽しむため、保存容器の衛生管理に十分に気をつけてください。
煮沸除菌をするので、トングや手袋を用意して、ヤケドに注意！

ビンの煮沸

1

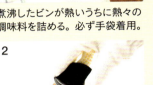

ビンは鍋に水から入れて加熱。沸騰後10〜15分煮沸する。

2

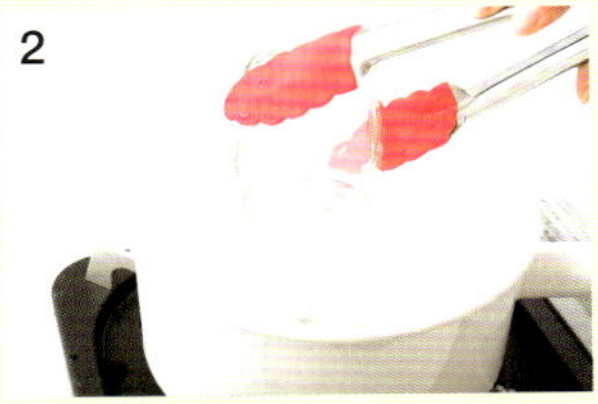

トングでビンを取り出す。

3

清潔なふきんの上に逆さに置いて、水をきる。

4

フタはゴム部分が傷まないように、10〜15秒熱湯に入れ、取り出す。

5

ビンの口を上に向けて置き、フタとともに乾燥させる。

熱いものを詰めるとき

1

煮沸したビンが熱いうちに熱々の調味料を詰める。必ず手袋着用。

2

すぐにフタを軽く閉めて、1〜2分おく。

3

フタを軽く開け、シュッと音がして脱気したら、きつく閉める。

4

ビンが8割くらい入る湯に入れ、沸騰後10〜15分加熱。

5

そのまま冷ます。きちんと脱気できていれば保存性が高まる。

熱くないものを詰めるとき

1

煮沸して乾燥させた容器に、空気が入らないように調味料をみっちり詰める。

2

フタを閉めて保存する。

煮沸できない容器に詰めるとき

1

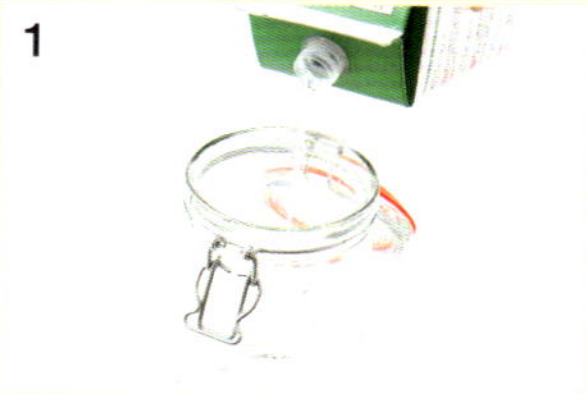

大きなビンやプラスチック製の容器は、35度の焼酎または食品用アルコールを入れる。

2

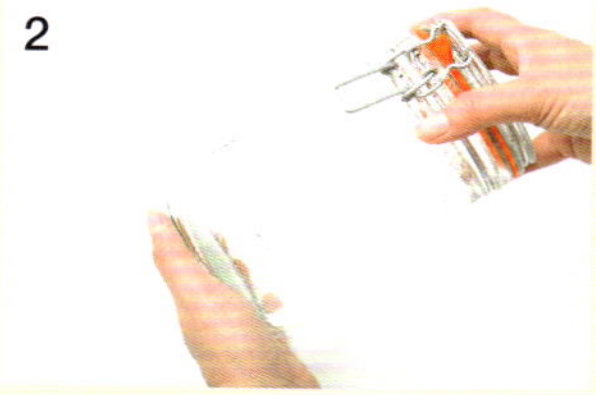

フタを閉めて内側をまんべんなくすすぐ。

3

中のアルコールを捨て、しっかり乾燥させてから使う。

詰めるための道具の除菌

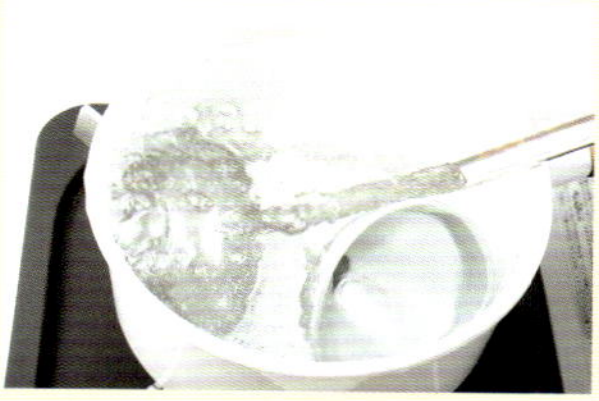

おたまやジョウゴ、スプーンなど、調味料を詰めるときに使う道具も、煮沸しておくと安心。

ザルやスプーンなどを簡単に除菌するには、食品用アルコールスプレーが便利。

あとがき

種から育てた小松菜とダイコンをちゃちゃっと切って、自家製みそを溶いてみそ汁をつくる。粗くつぶした大豆が舌にざらりと触れるこの感じが好きだ。田んぼでみんなで育てた米を炊いて、ハンバーグのたれは自家製の中濃ソースとケチャップを合わせたものにしようかな。畑からとってきたカブをきざんで、みりん粕と塩麹でさっと和えて即席漬けをつくり、そうだ、これに自家製の金山寺みそもつけちゃおう。

うちの食卓は、たとえばこんなふう。自給できてないのは、肉と昆布とかつお節だ。これはまあ、いいか。でも、ニワトリがいれば、卵も自給できるなあ。そして、はちみつもほしいから、いつか養蜂もしたい！ ゴマがたくさん収穫できたら、ゴマ油も絞れるかな。海のそばに住んだら、塩も自給できるなー。あれこれ妄想していると、ゆったり時間がすぎていく。

父は外食があまり好きではなかったため、毎日、母は手料理をつくっていた。できあいのお惣菜が並ぶことがなかったのも、いま考えると、すごいことだったと思う。うちの母は調味料をあれこれつくっていたわけではなかったけれど、食べたいものは自分でつくるという精神は、母のおかげで養われました。感謝しています。

これまでに、たくさんの方にお世話になりました。しょうゆの師匠、平方亜弥子さん、料理の師匠、猪股慶子先生、村井りんごさん、かもしラボの生徒のみなさん、ありがとうございます。そして、埼玉県小川町の霜里農場のみなさん、有井農円さん、霜里学校のみなさん、茨城県の阿部農園さん、神奈川県の柿右衛門農園さん、和田農園さん、東京都の河原農園さん、岩手県の漁師の中村敏彦さん、新鮮で個性的な食材をいつもありがとう。

そして、すばらしい写真を撮ってくれた森口奈々さん、ブレないデザイン力でスタッフを支えてくれた伊藤紗欧里さん、驚異の編集力ですべてをまとめてくれた内海陽子さんに感謝します。

オザワエイコ

調味料 索引

用語索引

オザワエイコ

手づくり調味料研究家。編集者。自家製調味料の仕込み教室「かもしラボ」主宰。

2000年頃から自家製みそを仕込みはじめる。2008年から安全、安心でおいしい素材を求めて家庭菜園をスタート。以来、自分で育てた食材を使った自家製調味料の試作を重ねている。

実用書籍の企画、編集、執筆に25年以上携わり、100冊以上の書籍をプロデュースしてきた。主な編集書に『週末田舎暮らしの便利帳』『基本の漬けもの』『野菜まるごと事典』『野菜づくり大事典』（以上、成美堂出版）などがある。

http://www.kamoshilabo.com/

だからつくる調味料

2016年2月25日　初版第1刷発行
2024年2月5日　　第7刷発行

著　者　オザワエイコ

撮　影　森口奈々
編　集　内海陽子

発行者　若月眞知子
発行所　ブロンズ新社
東京都渋谷区神宮前6-31-15-3B
03-3498-3272
https://www.bronze.co.jp/

デザイン　伊藤紗欧里
D T P　明昌堂

印　刷　吉原印刷
製　本　難波製本

ISBN978-4-89309-614-2 C2077